目次

はじめに ……………………………………………………………………………… 1

第1章　土の基礎知識 …………………………………………………………… 3
　1.1　地形 ……………………………………………………………………………… 3
　1.2　土の性質 ………………………………………………………………………… 6

第2章　宅地地盤として注意を要する地盤 ……………………………… 14

第3章　建築基準法における地盤に関する規定 ………………………… 17
　3.1　地盤の許容応力度 ……………………………………………………………… 17
　3.2　地盤調査の方法 ………………………………………………………………… 18
　3.3　地盤の許容応力度の算定方法 ………………………………………………… 18

第4章　地盤調査 ………………………………………………………………… 22
　4.1　地盤調査から基礎選定の手順 ………………………………………………… 22
　4.2　事前調査 ………………………………………………………………………… 23
　4.3　現地試験 ………………………………………………………………………… 28
　　　ひとりでやってみよう1 ……………………………………………………… 33
　4.4　知っておきたい地盤調査法と土質試験法 ………………………………… 34

第5章　地盤判定 ………………………………………………………………… 36
　5.1　地盤の許容応力度の算定 ……………………………………………………… 36
　　　ひとりでやってみよう2 ……………………………………………………… 37
　5.2　沈下の検討 ……………………………………………………………………… 38
　5.3　液状化危険度の検討 …………………………………………………………… 41
　　　ひとりでやってみよう3 ……………………………………………………… 45
　　　ひとりでやってみよう4 ……………………………………………………… 48

第6章　基礎の設計に用いる構造力学の基礎 …………………………… 52
　6.1　応力と変形 ……………………………………………………………………… 52
　6.2　梁の応力算定 …………………………………………………………………… 53
　6.3　梁の断面算定 …………………………………………………………………… 56
　6.4　基礎の構造 ……………………………………………………………………… 58

第7章　建築基準法における基礎の仕様規定 …………………………… 60
　7.1　基礎の種類 ……………………………………………………………………… 60
　7.2　基礎の仕様 ……………………………………………………………………… 61

第 8 章　荷重の伝達 ･･ 66

第 9 章　許容応力度計算による基礎の設計 ････････････････････････････ 68

第 10 章　べた基礎の設計 ･･ 69

　10.1　べた基礎の設計フロー ･･ 69

　10.2　基礎底盤の設計 ･･ 70

　　ひとりでやってみよう 5 ･･ 83

　10.3　基礎梁の設計 ･･ 90

　　ひとりでやってみよう 6 ･･ 104

　　ひとりでやってみよう 7 ･･ 121

　　ひとりでやってみよう 8 ･･ 124

　　ひとりでやってみよう 9 ･･ 125

第 11 章　布基礎の設計 ･･ 129

　11.1　布基礎の設計フロー ･･････････････････････････････････････ 129

　11.2　布基礎の底盤の設計 ･･････････････････････････････････････ 130

　　ひとりでやってみよう 10 ･･････････････････････････････････････ 137

　11.3　基礎梁の設計 ･･ 141

　　ひとりでやってみよう 11 ･･････････････････････････････････････ 142

第 12 章　偏心布基礎 ･･ 146

　12.1　偏心布基礎の設計フロー ･･････････････････････････････････ 146

　12.2　偏心布基礎の配置 ･･ 147

　12.3　偏心布基礎の底盤の設計 ････････････････････････････････ 149

　12.4　偏心布基礎梁の設計 ････････････････････････････････････ 152

第 13 章　その他の設計 ･･ 155

　13.1　人通口 ･･･ 155

　13.2　アンカーボルト ･･ 157

はじめに

　住宅を建築する場合、その土地が建築に適した地盤であるか否かを判断しなければなりません。そのためには、スウェーデン式サウンディング試験（スクリューウエイト貫入試験、SWS試験）など、現地調査の他に、地図による調査、地盤図による調査等も有効に活用する必要があります。また、圧密沈下と液状化の違いなど、問題となる現象についても正確に理解する必要があります。

　一方、基礎構造の設計においては、住宅などの四号建築物では、平成12年建設省告示第1347号等に従った、いわゆる仕様規定で基礎を設計していました。しかし、近年、耐力壁の強度が大きくなっていることなどから、許容応力度計算による確認の必要性が求められつつあります。

　本書は、このような背景のもとに、住宅建築用の敷地の『地盤性状』の適正性の考え方、住宅の基礎構造の設計手法（許容応力度計算）について学んでいただくことを目的とした学習参考書です。また、本書は、モデルプランに沿って『演習』することに重点を置いています。演習をすることによって、また、地盤の適否から、基礎の構造設計に至る、考え方の『流れ』についても理解できるように構成しています。

　本書によって、少しでも、地盤や地盤調査、住宅基礎の構造性能に関する理解が深まれば幸いです。さあ、ひとりでもやってみましょう！

■ 本書を使う前に読んでください

　本書は、地盤調査の手法や基礎の構造設計を手計算しながら習得できる、「自学・自習」の教科書という意味から「ひとりで学べる演習帳」と名付けました。解説を読み、演習問題に取り組んでいただくことで、必要な知識を確認しながら身につけていくことができます。

◇本書を使っていただきたい方

　本書は、次のような方に使っていただくことを想定して編集しました。

　　① 住宅の地盤の概要や調査方法について知りたい方。
　　② 住宅の布基礎やべた基礎の構造計算について勉強したい方。
　　③ 高校や大学の建築学科を専攻している方。

◇本書の構成と使い方

　本書の第1章〜第5章では地盤および地盤調査について述べており、第6章〜第12章で基礎構造の構造設計（許容応力度計算）について述べています。第13章では、人通口、アンカーボルト等について述べています。

　まず、住宅を建築する際の地盤の注意点、地盤の調査方法、調査データの見方等を理解し、基礎形式の選定、基礎の構造設計と進みます。

　なお、本書を使用するにあたって、以下の点に注意してください。

　　① 戸建て住宅を想定しています。
　　② 杭基礎については解説していません。
　　③ 地盤補強、地盤改良については解説していません。
　　④ 基礎梁の設計例については、数通りの例のみを取り上げています。

本書では、2〜3階の戸建て住宅を建築する際の地盤の考え方、基礎の設計解説を想定しており、マンション等の集合住宅は想定していませんので注意してください。また、杭基礎、地盤補強・地盤改良に関する内容は含まれておりません。これらについて知りたい方は、他の書籍等を参照してください。

　べた基礎・布基礎の設計において、「ひとりでやってみよう」では、2、3通りの梁を計算対象として解説しています。全ての基礎梁について計算例を示しているわけではありません。例えば、p.104の「ひとりでやってみよう6」では、長期荷重時の応力算定はX0、X4、Y0通りのみを行っており、断面算定では、X0、Y0通りのみを行っています。本書は、設計法を学習していただくことを目標としているため、代表的な基礎梁のみの計算にとどめました。しかし、実務では、原則的に全ての基礎梁について、応力算定、断面算定を行う必要がありますので注意してください。

◇「ひとりでやってみよう」について

　本書の特長は「演習」を中心に構成していることです。特に、基礎の設計部分では、多くのページを演習に割いています。

　「ひとりでやってみよう」が演習に該当します。簡単な計算が必要になりますので計算機をご用意ください。

　「ひとりでやってみよう」は穴埋め問題で構成されています。本書の後ろに綴じ込まれている演習シートをミシン目に沿って切り取って、解答用紙として使用してください。「ひとりでやってみよう」を読みながら計算し、自学・自習してください。

　なお、カッコの中に解答番号が記載されていますが、同じ番号のところには、同じ値が入ります。例えば、p.88の11行目の〈^{46}　　　〉と24行目の〈^{46}　　　〉には同じ解答が入ります。

◇本書の表記について

　本書では、適宜、「ポイント」、「コーヒーブレイク」で、考え方の注意点などを記載していますので参考にしてください。

ポイント　・・・・・・　設計における重要点や、間違いやすい点を解説しています。

コーヒーブレイク　・・・・　コラム的な内容を扱っています。

　また、本書では、以下の法律の名称を省略して使用していますので注意してください。

正式名称	略称
建築基準法	基準法
建築基準法施行令	施行令
建設省告示	建告*
国土交通省告示	国交告*

　*省略した告示は以下のように示します。
　昭和55年建設省告示第1791号　→　昭55建告第1791号
　平成13年国土交通省告示第1024号　→　平13国交告第1024号

1. 土の基礎知識

1.1 地形

地形は、建物敷地の地盤に関する最も基礎的で不可欠な情報です。地形を把握するためには、地形図や地形分類図、地盤図、地質図などが参考になります。

地形区分が分かれば、概ね建築地盤としての良否が判断できます。表 1.1 は、地形と建築地盤としての良否との関係です。この章では、それぞれの地形の特徴や成り立ち、問題点などを説明します。

表 1.1　地形でわかる建築地盤の良否

時代	地形名	特　徴	代表的土質	地下水位	硬軟	浸水	沈下	地盤の良否
洪積世	台地・段丘	平滑な地形で、高い位置にあるほど形成時期が古い。安定した地層で形成されている。	洪積層ローム	○	○	○	○	○
沖積世	扇状地	砂礫質の土が堆積しており、地盤性状は比較的良好である。	礫質土	△	○	△	○	○
	自然堤防	周辺に比べて 1 〜 2m 高い微高地で、集落が発達し、畑地としても利用されている。	砂質土	△	△	△	○	○
	後背低地	自然堤防の背後の低平な部分で、細かい土砂が堆積している。局所的には有機質土を挟む。	粘性土	×	×	△	×	×
	旧河道	河道の変化などにより部分的に本川から切り離され、細粒泥土が堆積している。	腐植土	×	×	×	×	×
	砂丘・砂堆	砂丘は風により、砂堆は沿岸流などにより運ばれた砂の微高地。比較的良好な地盤。	砂質土	○	○	○	○	○
	三角州	平坦で、細かい土砂が堆積しているため地盤は軟弱で、地下水位も浅い。	粘性土	×	△	×	△	△
	谷底平野	河川の堆積作用により形成された低平な土地。	粘性土	×	×	×	×	×
現代	平坦化地	丘陵地や台地を切取って平坦にした土地で、切土部は安定した良好な地盤。	発生土	△	△	○	△	○
	盛土地	水田などの低地に盛土した土地で、新しい盛土の場合は、原地盤の沈下に注意が必要。	搬入土	△	△	△	△	△
	埋土地	沼沢地や谷などを周辺とほぼ同じ高さまで埋土した土地で、不良な地盤が多い。	搬入土	×	△	×	×	×

注）表中の○△×は、各項目の可能性や安全性の程度の概略を示したものである。
地下水位：深い ○、浅い ×
硬軟：硬い ○、軟らかい ×
浸水：し難い ○、し易い ×
沈下：し難い ○、し易い ×

1.1.1 台地・段丘

台状または階段状の地形です。形成時期は、1.1.2 や 1.1.4 で述べる低地よりも古く、また、一般に、高い位置にあるものほど形成時期は古い。土地条件図では、高いものから高位面、上位面、中位面、下位面、低位面の 5 段階に分類されています。台地・段丘は、一般に、低地に比べて、河床からの比高が大きいため水害をうけにくく、また、地盤も良いため、一般的に震災をうけにくい地形です。

1.1.2 低地の微高地

低地は、台地に比べれば浸水しやすく、排水が悪く、また地盤も軟弱です。低地のなかの微高地は、1.1.4 で述べる「低地の一搬面」に比べ、河床からの比高がやや大きくなっており排水しやすい地形です。また、構成物質が相対的に粗粒なものからなるため、一般的に良好な地盤性状です。

(1) 扇状地
河川が運び出す土砂が堆積して形成された扇状の地形で、河川が山地から出た地点に形成されます。主として砂礫からなり、地盤性状は良好ですが、出水時には、水害をうける可能性があります。

(2) 緩扇状地
扇状地に比べて傾斜が緩いものを緩扇状地といいます。扇状地と周辺の低地の一般面との漸移部や規模の大きい扇状地などを指します。

(3) 自然堤防
洪水時に運ばれた砂やシルトが、流路沿い、または、その周辺に堆積してできた高まりです。周辺の低地の一般面に比べて排水しやすいという特徴があります。

(4) 砂丘
風で運ばれた砂が堆積して形成された小高い丘で、排水性は良好です。

(5) 砂堆・砂州
沿岸流、波浪により作られた砂礫質の高まりです。海岸では比較的良好な土地といえます。

1.1.3 凹地・浅い谷

台地・段丘や扇状地などの表面に形成された凹地や浅い流路跡、または、隣合う扇状地の境界付近の相対的に低い部分などで、豪雨時に地表水が集中しやすい場所です。

1.1.4 低地の一般面

海岸や河川との比高が小さい土地です。そのため低地の微高地に比べて浸水しやすく、排水性は悪い。また、細粒の物質からなり、地盤が軟弱です。

(1) 谷底平野・氾濫平野
河川の堆積作用により形成された低平な土地です。砂、粘土などからなり、地盤は軟弱です。

---

memo

微地形の特徴は、国土地理院発行の「土地条件図」の凡例が参考になります。

（2）海岸平野・三角州

相対的に海面の低下によって陸地となった平坦地や、河口における河川の堆積作用によって形成された平坦地です。砂、粘土などからなり、地盤は軟弱です。

（3）後背低地

自然堤防や砂堆などの背後にある低地や、河川の堆積作用があまり及ばない低湿地を指します。排水性が非常に悪く、地盤は軟弱です。

（4）旧河道

低地の一般面の中で周囲より低い帯状の凹地で過去の河川流路の跡です。非常に浸水しやすく、排水性も悪い。

1.1.5 人工地形

（1）平坦化地

山地・丘陵地、台地などの斜面を、主として切取りにより造成した平坦地または緩傾斜地です。

（2）盛土地

主として低地に土を盛って造成した土地です。

（3）高い盛土地

周囲の土地と比高が約 2m 以上の盛土地です。

（4）埋土地

沼沢地、河川敷、谷などを周囲の土地とほぼ同じ高さにまで埋立てて造成した土地です。

（5）干拓地

潮汐平地や内陸水面を排水して造成した土地です。

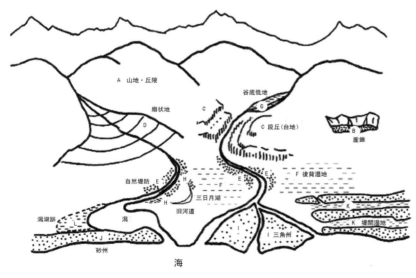

図 1.1 地形の模式図 [1]

1）（一社）日本建築学会、小規模建築物基礎設計指針、p.11、2008

1.2 土の性質

1.2.1 物理的性質

(1) 土の分類

土は、大小さまざまな土粒子が集合してできたもので、粒径によってそれぞれ呼び名がつけられています。

粘土	シルト	細砂	中砂	粗砂	細礫	中礫	粗礫	粗石	巨石
		砂			礫			石	
細粒分	粗粒分							石分	

0.005　0.075　0.25　0.85　2　4.75　19　75　300　【mm】

1mm=1,000μm

図1.2　土粒子の粒径による区分

シルトや粘土分が多い土を「細粒土」または「粘性土」と呼び、砂や礫分が多い土を「粗粒土」といい、砂が多い場合を「砂質土」、礫が多い場合を「礫質土」と呼びます。

図1.3は、粒度試験の結果を表したもので、横軸は粒径を対数目盛で、縦軸は通過重量百分率を普通目盛として表しています。

曲線Aは粘性土で、圧密沈下の検討を要する土、曲線Bは砂質土で、液状化の可能性がある土です。曲線Cは傾きが緩やかで、いろいろな粒径の土粒子を含んでおり、大きな土粒子が作る隙間を小さな土粒子が埋めるため、大きな密度の土になります。

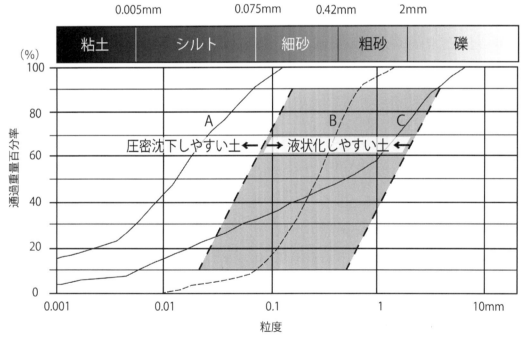

図1.3　粒径加積曲線（粒度分布図）

圧密沈下

1.2.2（3）参照

液状化

1.2.2（4）参照

粒度分布図の通過重量百分率

ある大きさのふるいを通過した土の重量を全体の土の重量で除して百分率で表したもの。

(2) 一般的特性

土は土粒子と間隙によって構成されています。間隙は空気と水によって構成されています。

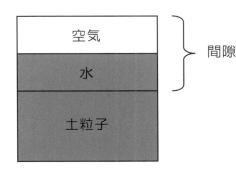

図 1.4　土の構成

細粒土（粘性土）と粗粒土の特性を以下に示します。

① 細粒土　・粘り気がある（粘着力が強い）。
　　　　　・水を通しにくい（透水性が低い）。
　　　　　・水を多く含む（含水比が高い）。
　　　　　・隙間が大きい（間隙比が大きい）。

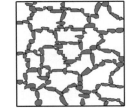

② 粗粒土　・粘り気がない（粘着力がない）。
　　　　　・水を通しやすい（透水性が高い）。
　　　　　・隙間が小さい（間隙比が小さい）。

土の中の水分量は常に変化します。したがって水分量の多少によって土の重さも変化します。この水分量の大きさは含水比によって表します。含水比（w）は土の中の水の重さ（m_w）と土粒子自身の重さ（m_s）の比を百分率で表したものです。

$$w = \frac{m_w}{m_s} \times 100 \, (\%)$$

含水比は砂質土で 30 〜 50%、粘土質で 70 〜 100% 程度です。有機物を多く含む土では 800% に達するものもあります。

土の締固め

土を締固めることで、土の塊の中に含まれる空気を押し出します。空気が押し出された土は間隙が小さくなり土粒子同士がしっかり接触し、密度が増加します。締固めた土は、強さが増大し水を通しにくくなります。

土粒子の比重

土粒子の比重は、2.50 〜 2.70 程度です。

ハチの巣構造

0.074 〜 0.005mm の範囲のシルト。

単粒構造

0.074mm 以上の砂、礫

コーヒーブレイク　粒度試験

土を構成する粒子は大小さまざまなものからなり、粒度によって土の工学的性質が大きく左右されます。粒度試験の結果は土を分類するために用いられます。試験方法には、「ふるい分析」と「沈降分析」の 2 種類があります。ふるい分析は標準網ふるいによって、0.075mm 以上の土粒子に適用し、沈降分析は土粒子懸濁液の比重測定によって、0.075mm 未満の土粒子に適用されます。

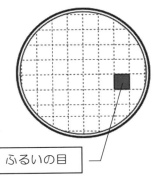

ふるいの目

(3) 土の重さ

土の重さは、単位体積重量で表されます。単位体積重量とは単位体積あたりの重量のことで、密度（g/cm³、t/m³）に重力加速度を乗じたものです。単位は kN/m³ となります。

単位体積重量の目安　　細粒土（粘性土）：14 ～ 16（kN/m³）
　　　　　　　　　　　粗粒土（砂質土）：16 ～ 18（kN/m³）

宅地造成の際、盛土を行うことがありますが、厚さ 50cm の盛土は、図 1.5 に示すように、2 階建ての木造住宅の荷重と同程度の重量となります。[1]

厚さ 50cm の盛土 ≒ 2 階建木造住宅

図 1.5　盛土と住宅の荷重の比較（目安）

1.2.2　力学的性質

(1) 地盤内の応力

地盤の応力は、以下の式で表すことが出来ます。土粒子に作用する圧力は、土粒子相互に作用する圧力と間隙の圧力の和になります。

$\sigma = \sigma' + u$

　σ ：全応力（土粒子に作用する全圧力）
　σ'：有効応力（土粒子相互に作用する力）
　u ：間隙（水）圧（土粒子間隙の圧力）

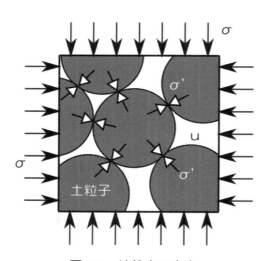

図 1.6　地盤内の応力

---

memo
1m³ あたりの重さの例

水：10kN

コンクリート：23kN

砂利：16kN

1) 高さ 50cm の盛土は、単位体積重量が 16kN/m³ とすると、単位面積あたり 8kN/m² となります。2 階建の木造住宅も固定荷重だけ（住宅の自重）だと建築面積あたり 8kN/m² 程度です。

建築物等により荷重が地盤上に作用すると、地中にその荷重による応力が伝えられ、変形が生じたり、限界を超えて破壊したりします。地盤の沈下や安定性を検討するとき、荷重が作用する前の応力状態と新たな荷重により、どのように応力が伝達されるかの増加応力の大きさを知らなければなりません。

（2）せん断強さ

一般に、コンクリート強度は圧縮強度、鉄の強度は引張強度で表されますが、土の強度は、せん断強度で表されます。せん断強度は以下の式で表すことができます。

$$\tau = c + \sigma' \cdot \tan\phi \quad \text{（Coulombの法則）}$$

- τ ：せん断強度（kN/m^2）
- c ：粘着力（kN/m^2）
- σ'：有効応力（土粒子相互に作用する力）
- ϕ ：内部摩擦角（°）

地盤の支持力（許容応力度）は、この土のせん断強度によって決まります。粘着力 c とは、粘土粒子間の電気化学的な吸着力のことで、内部摩擦角 ϕ とは、土粒子の機械的なかみ合わせによって生じる抵抗力のことをいいます。

土のせん断強度の求め方

サンプリングした土塊を成形し、三軸圧縮試験や直接せん断試験などから求めます。

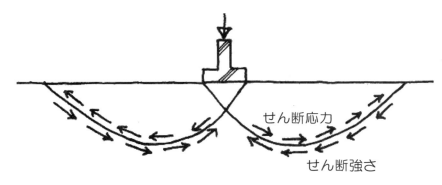

図1.7　地盤の支持力機構の模式図

土のせん断強度は、支持力の問題以外にも、斜面安定や擁壁の安定性の検討に使われます。

コーヒーブレイク　土の強度

一般に、コンクリートは圧縮強度、鉄は引張強度、土はせん断強度で表されます。
図1.7に示した地盤の支持メカニズムは、土を破壊するために滑らそうとする力と、それに抵抗する力のせめぎ合いを表現しています。

（3）粘性土の圧密沈下

　土は土粒子と間隙から構成され、間隙は、空気と水によって構成されています。水で飽和した間隙から水が抜け、間隙が減少していくことを「圧密」といいます。

　砂質土は、間隙が水で飽和していても透水性が高いので水が抜けやすく、圧密は比較的短い時間で終了し、間隙も小さいので沈下量も小さく、圧密が問題になることはありません。しかし、粘性土は、間隙が大きく、水を通しにくいため、外部からの圧力に対して、間隙水が時間をかけて排出され、徐々に間隙が減少していきます。この現象を「圧密沈下現象」といいます。圧密沈下現象によって以下のような障害が発生することがあります。

① 圧密沈下による沈下障害の例

　図 1.5 で示したように、小規模な戸建て住宅の荷重に比べ、盛土の荷重は大きいので、軟弱な粘性土地盤に対して過大な盛土を行うと、写真 1.1 のように、圧密沈下により住宅の沈下傾斜障害が発生することがあります。

写真 1.1　盛土荷重による原地盤の圧密沈下

　支持杭によって、沈下傾斜対策を行うことがありますが、地盤の沈下量が大きい場合、写真 1.2 のような住宅の「抜け上がり現象[1]」が発生することがあります。

 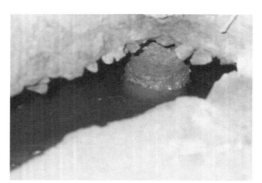

（a）抜け上がりで露出した基礎底盤　　　（b）露出して腐食した鋼管杭

写真 1.2　盛土荷重による沈下で抜け上がった基礎

---

[1]「抜け上がり現象」とは、地盤の沈下により、支持杭などで、支持層に支持されていた建物が抜け上がって見える現象をいいます。

② 圧密沈下のメカニズム

　圧密沈下は、主に、粘性土地盤で問題が顕在化する現象です。図1.8に示すように、地盤は土粒子と土粒子間にある間隙水で建物荷重を支えています。図1.8では、これらをバネでモデル化したものです。載荷直後は、新規荷重 ΔW を間隙水で負担しています。これを「過剰間隙水圧」と呼びます。水は、この過剰に働く水圧によって徐々に排水されます。そうなると次に土粒子で ΔW を受けざるをえなくなるため、最終的には、圧密沈下が生じてしまいます。ちなみに、一度圧密された地盤は除荷されても、それまでに受けた荷重を記憶しているため、以前よりも強いバネ強度を持ちます。

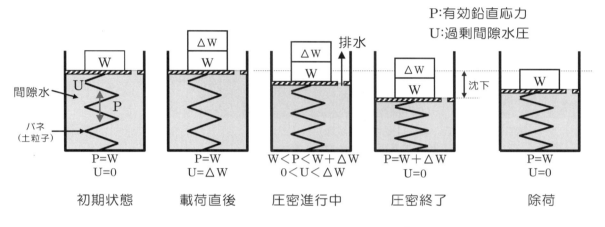

図1.8　圧密沈下のモデル[1]

　粘性土は間隙が大きいために外部からの圧力に対して間隙水が排出され、間隙が減少し大きく沈下します。また、砂質土に比べて水を通しにくいので排出されるのに長い時間を要します。そのため、圧密による沈下障害は、住宅の建築後、数年たって問題になることが多い。

粘性土
　├→ 間隙比が大きい→体積減少が大きい→沈下量が大きい
　└→ 透水性が低い→水の移動に時間を要す→沈下に要する時間がかかる

1) 藤井衛・若命善雄・真島正人、新ザ・ソイル、建築技術、2011

コーヒーブレイク　軟弱地盤

　「軟弱地盤」とは地質学的な立場からではなく、建設工事における経験的な立場からの呼称です。軟弱地盤を簡単に定義すれば、「まだ固まりきらない若い地盤」ということですが、沖積層の場合、10,000年も前に生成された地盤も軟弱地盤に含まれます。一般には、海岸を埋め立てて間もない土地であったり、沼地の跡など有機質土の土地も典型的な軟弱地盤です。砂地盤でも、地震時に液状化するおそれのある、ゆるい砂地盤などもやはり軟弱地盤と呼ばれています。

　軟弱地盤であるか否かは、単に地盤の N 値の大きさだけによって判別されるのではなく、地盤の上に建設される構造物の大きさや重さなども加味して相対的に判別されます。

(4) 砂地盤の液状化

① 地盤の液状化による被害の例

　液状化により住宅に被害が発生した例は、先の東北地方太平洋沖地震が記憶に新しいところですが、1995年兵庫県南部地震での芦屋浜ニュータウン、2000年鳥取県西部地震での安倍彦名団地、2005年福岡県西方沖地震での愛宕浜、2007年新潟県中越沖地震での柏崎市松波、2016年熊本地震などにおいても、甚大な液状化被害が発生しています。

（東京湾を埋立てにより造成された宅地）
写真1.3　2011年東北地方太平洋沖地震（浦安市）

（砂丘と低地の境界付近の低地・谷底平野）　　　（旧河道を埋土された宅地）
写真1.4　2007年新潟県中越沖地震（柏崎市）　写真1.5　2007年新潟県中越沖地震（柏崎市）

（埋立てによって造成された宅地）
写真1.6　1995年兵庫県南部地震（芦屋市）

② 液状化のメカニズム

飽和状態にある粒径のそろった緩い砂質土の地盤が、地震によって揺すられた場合、土粒子間の間隙水の圧力が次第に上昇し、ついには土粒子のかみ合わせが外れ水中に浮遊した状態になります。この状態を「液状化現象」と呼んでいます。その後に、噴砂や噴水によって、間隙水圧が消散され間隙が小さくなることによって地盤が沈下します。図1.9は液状化のメカニズムを模式的に表現したものです。

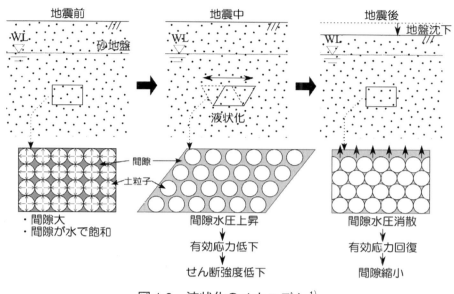

図1.9 液状化のメカニズム[1]

③ 液状化が発生しやすい条件

以下に、地震時に液状化が発生しやすい地盤の特徴を示します。

1) 砂質地盤

　粒径 $0.02mm \leq D_{50} \leq 2.0mm$、$Fc<35\%$（$D_{50}$: 平均粒径、$Fc$: 細粒分含有率）

2) 地下水位が浅い（地下水で飽和している）

　GL－10m 以浅

3) 緩く堆積している（N値が小さい）

　緩く堆積した砂質土の層が存在　N値 < 20

上記の、1)～3)に示すような地盤では、地表面最大加速度が $100cm/s^2$ 程度以上、気象庁震度階ではⅣ～Ⅴの境界付近以上の地震で、液状化が発生するおそれがあります。

参考

1) 藤井衛、若命善雄、真島正人、新ザ・ソイル、建築技術、2011

D_{50}：平均粒径

それ以下の粒径の土粒子の重量が、その土の重量の50%にあたる粒子径

F_C：細粒分含有率

土に含まれる細粒分（粒径0.075mm未満）の割合

N値

4.4.1を参照

コーヒーブレイク　ガル（gal）

ガル（gal）は、地震の揺れの強さを表すのに用いられる加速度の単位です。1galは、毎秒1cm/secの割合で加速することを示しています（1gal=1cm/sec²）。ガルは、イタリアの天文学者のガリレオ・ガリレイ（Galileo Galilei）の頭文字からとった呼び名です。

2. 宅地地盤として注意を要する地盤

　地盤調査の主な目的は、敷地の地盤の許容応力度を調べることですが、地盤調査を実施する前に、まず、事前調査（資料調査、現地踏査）を行うことが必要です。事前調査によって、対象とする敷地の危険性をある程度把握することができ、建築計画の初期段階から、対策の検討を行うことができます。不同沈下を起こしやすい地盤は、現地試験の結果の他にも、不均質地盤であるか否かによっても判断できる場合が多くあります。以下に、不均質地盤の例を示します。

memo

1）（一社）日本建築学会、小規模建築物基礎設計指針、pp.25~28、2008 を改編

表 2.1　不均質地盤の種類[1]

不均質地盤の種類	地盤の状況
① 切盛造成地盤 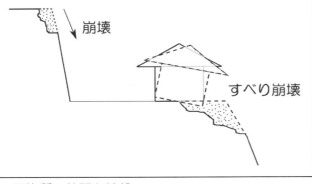	傾斜面を一部切土、一部を盛土したいわゆる切盛地盤である。建物の片側が在来の自然地層であるのに対して、もう一方が盛土であり、盛土側に傾く（不同沈下する）危険性が高い。片側に切土掘削斜面のある宅地では、その後方の自然斜面の勾配から元地形を推測するなどして、盛土が混在する危険性を確認する。 （造成図等で切土と盛土にまたがっており、不同沈下のおそれのある地盤。）
② 傾斜地ですべり崩壊する危険性のある地盤 崩壊／すべり崩壊	崖面に近接した宅地である。一般に、自然地盤である場合は傾斜が安定的に保持されるが、緩い盛土である場合にはすべり崩壊が生ずるか、上位の崖面が崩落するなどの危険がある。大都市近郊の宅地では敷地に余裕がなく崖端部に建築物が近接することが多く、崖面が自然傾斜か、あるいは盛土や切土の斜面かを判断してその危険性を確認する。 （地すべり防止区域、急傾斜地崩落危険区域など。）
③ 不均質で軟弱な地盤 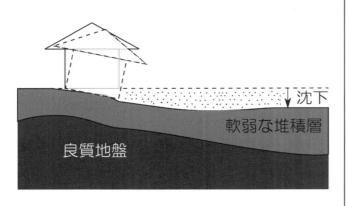	良質な地盤に傾きがあり、その上に軟弱な堆積層がある宅地である。軟弱な堆積層が厚い部分と薄い部分で沈下量が異なり、軟弱な堆積層が厚い方向に傾く、不同沈下の危険性がある。 沖積層地盤において三角州、氾濫平野、後背湿地、旧河川道、おぼれ谷、堤間低地、潟湖跡、海岸平野のいずれかの地形に該当し、粘性土を中心とした自然堆積地盤などで、測点により SWS 試験結果の傾向が大きく異なる。例えば、W_{sw}0.75kN 程度以下で、2 倍程度以上の厚さの差（例えば 1m と 2m）がある。

④ 盛土厚さに大きな差のある地盤 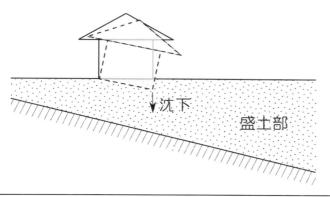	急斜面上に盛土された宅地である。この場合、盛土の厚い方向に傾く（不同沈下する）危険性が高く、盛土の経過年数や安定度について確認する。	（2倍程度以上盛土の厚さに差がある。）
⑤ 擁壁の埋戻し部に建物がかかる場合 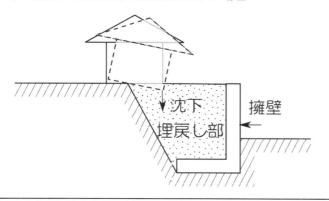	擁壁に建物基礎が近接する場合である。擁壁背面土（埋戻し土）は必ず盛土であり、擁壁背面土が沈下する可能性が高い。擁壁の高さや形式から埋戻し範囲が想定できる。	（地盤調査員が現地の状況を判断する。）
⑥ 盛土材が空隙の大きなガラや有機物などによる不良な地盤 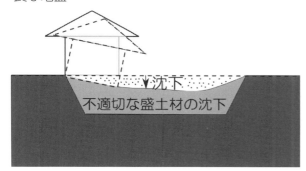	不適切な盛土材（ガラ、有機物、廃棄物）転圧不足など、盛土の施工が不良な宅地地盤である。経年により盛土材自体が体積変化を起こすとともに、材料が悪く充分な転圧ができず沈下する。	（地盤調査員により判断する。 深さ方向の不自然な N_{sw} 値のバラツキなど）
⑦ 古い盛土と新しい盛土に跨る場合 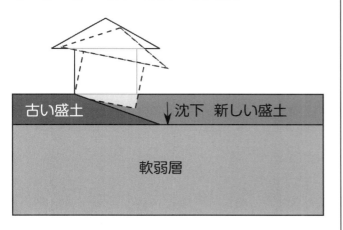	軟弱層に時期の異なる盛土をした宅地である。古い盛土層の下部地盤は盛土荷重により一定の沈下が終了して締っている。一方、新規の盛土の下部では、これから沈下が始まるか、沈下が進行中である。このような場合、地層が水平で盛土厚が同じでも、新規盛土側に傾く（不同沈下する）危険性が高い。また、盛土下位の軟弱層が厚い場合には、大きな不同沈下となる危険性がある。	（例えば、砂質土なら3年、粘性土なら5年を経過していない盛土と経過した盛土にまたがっている地盤。）

⑧ 谷埋盛土で傾斜や沈下が生じやすい場合

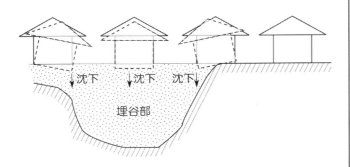

埋積谷に盛土した造成地盤である。この場合、埋設物の多くは軟弱地盤であり、盛土荷重による沈下が発生する可能性がある。通常、谷の中央部に軟弱層が厚いために谷の中央部では不同沈下が生じやすく、谷と建物との位置関係について確認しておく必要がある。

（旧地形図や周辺状況の観察や聞き取り調査によって状況が把握できる。）

有害な沈下が問題になる宅地地盤には、これらの不均質な地盤の他、近接している擁壁の不具合によるものも多くあります。以下に、既設擁壁の不具合事例を示します。

① 著しいはらみ出しなどによる変位がある場合
② 頂部が大きく前面に倒れている場合
③ 裏込め土が大きく陥没している場合
④ 伸縮目地などが著しく食い違う場合
⑤ 著しいひび割れなどがある場合
⑥ 水抜きの排水が不良で背面が滞水している場合

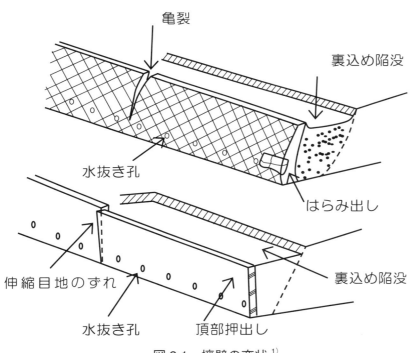

図 2.1 擁壁の変状 [1]

1)（一社）日本建築学会、小規模建築物基礎設計指針、p.25、2008 を改編

3. 建築基準法における地盤に関する規定

3.1 地盤の許容応力度

建築基準法では、建築物の地盤について以下のように定めています。

建築基準法施行令では、地盤調査の実施と地盤の種類によって得られる地盤の許容応力度の数値を示しています。

建築基準法施行令
（地盤及び基礎ぐい）

　第93条　地盤の許容応力度及び基礎ぐいの許容支持力は、国土交通大臣が定める方法によつて、地盤調査を行い、その結果に基づいて定めなければならない。ただし、次の表に掲げる地盤の許容応力度については、地盤の種類に応じて、それぞれ次の表の数値によることができる。

地　盤	長期に生ずる力に対する許容応力度（単位　kN/m²）	短期に生ずる力に対する許容応力度〔単位　kN/m²〕
岩　盤	1,000	長期に生ずる力に対する許容応力度のそれぞれの数値の2倍とする。
固結した砂	500	
土丹盤	300	
密実な礫層	300	
密実な砂質地盤	200	
砂質地盤（地震時に液状化のおそれのないものに限る。）	50	
堅い粘土質地盤	100	
粘土質地盤	20	
堅いローム層	100	
ローム層	50	

　この規定に基づき、平成13年国土交通省告示第1113号(以下、平13国交告第1113号と略記)では、地盤の許容応力度および基礎ぐいの許容支持力を求めるための地盤調査の方法を第1に、その結果に基づく地盤の許容応力度及び基礎ぐいの許容支持力を定める方法を第2から第6に定めています。

コーヒーブレイク　「地耐力」と「地盤の許容応力度(許容支持力度)」

「地耐力（ちたいりょく）」とは、直接基礎の接地圧（せっちあつ）に対応するものとして、有害な変形が生じるおそれのない地盤における、一様に得られる「地盤の許容応力度」のことをいいます。

※日本建築学会では、「地耐力」を「地盤の許容支持力度」と呼んでいます。

3.2 地盤調査の方法

地盤調査の方法は、平13国交告第1113号で、以下のように定められています。

平13国交告第1113号（抜粋）

第1　地盤の許容応力度及び基礎ぐいの許容支持力を求めるための地盤調査の方法は、次の各号に掲げるものとする。

　　一　ボーリング調査
　　二　標準貫入試験
　　三　静的貫入試験
　　四　ベーン試験
　　五　土質試験
　　六　物理探査
　　七　平板載荷試験
　　八　載荷試験
　　九　くい打ち試験
　　十　引抜き試験

　小規模建築物(特に、木造住宅)の地盤調査で最も一般的な調査法は、「スウェーデン式サウンディング試験[1](以下、SWS試験と略記)」です。これは、「静的貫入試験」に該当します。また「標準貫入試験」は、動的貫入試験、と呼ばれています。

3.3 地盤の許容応力度の算定方法

地盤の許容応力度の算出方法も平13国交告第1113号に示されています。

平13国交告第1113号(抜粋)

第2　地盤の許容応力度を定める方法は、次の表の（1）項、（2）項又は（3）項に掲げる式によるものとする。ただし、地震時に液状化するおそれのある地盤の場合又は（3）項に掲げる式を用いる場合において、基礎の底部から下方2m以内の距離にある地盤にスウェーデン式サウンディングの荷重が1kN以下で自沈する層が存在する場合若しくは基礎の底部から下方2mを超え5m以内の距離にある地盤にスウェーデン式サウンディングの荷重が500N以下で自沈する層が存在する場合にあっては、建築物の自重による沈下その他の地盤の変形等を考慮して建築物又は建築物の部分に有害な損傷、変形及び沈下が生じないことを確かめなければならない。

	長期に生ずる力に対する地盤の 許容応力度を定める場合	短期に生ずる力に対する地盤の 許容応力度を定める場合
（1）	$q_a = \dfrac{1}{3}(i_c\alpha C N_c + i_\gamma\beta\gamma_1 B N\gamma + i_q\gamma_2 D_f N_q)$	$q_a = \dfrac{2}{3}(i_c\alpha C N_c + i_\gamma\beta\gamma_1 B N\gamma + i_q\gamma_2 D_f N_q)$
（2）	$q_a = q_t + \dfrac{1}{3}N'\gamma_2 D_f$	$q_a = 2q_t + \dfrac{1}{3}N'\gamma_2 D_f$
（3）	$q_a = 30 + 0.6\overline{N_{sw}}$	$q_a = 60 + 1.2\overline{N_{sw}}$

　この表において、q_a、i_c、i_γ、i_q、α、β、C、B、N_c、$N\gamma$、N_q、γ_1、γ_2、D_f、q_t、N'及び$\overline{N_{sw}}$ はそれぞれ次の数値を表すものとする。

---

memo

1) 日本産業規格JIS A 1221では2020年版よりスクリューウエイト貫入試験方法という名称に変わりましたが、本書ではSWS試験もしくはスウェーデン式サウンディング試験と記載します。

SWS試験で地盤の許容応力度を算定する場合、通常(3)式を使いますが、(1)式によって算定することもできます。(1)式の第2項と第3項を算入しない(安全側)ことにより、第1項のみで簡易に算定することもできます(図3.1参照)。

qa　地盤の許容応力度（単位　kN/m²）

i_c、i_γ 及び i_q　基礎に作用する荷重の鉛直方向に対する傾斜角に応じて次の式によって計算した数値

$$i_c = i_q = (1 - \theta/90)^2$$
$$i_\gamma = (1 - \theta/\phi)^2$$

これらの式において、θ及びφは、それぞれ次の数値を表すものとする。

θ　基礎に作用する荷重の鉛直方向に対する傾斜角（θがφを超える場合は、φとする。）（単位　度）

φ　地盤の特性によって求めた内部摩擦角（単位　度）

α及びβ　基礎荷重面の形状に応じて次の表に掲げる係数

係数 ＼ 基礎荷重面の形状	円形	円形以外の形状
α	1.2	$1.0 + 0.2\dfrac{B}{L}$
β	0.3	$0.5 - 0.2\dfrac{B}{L}$

この表において、B及びLは、それぞれの基礎荷重面の短辺又は短径及び長辺又は長径の長さ（単位　m）を表すものとする。

C　基礎荷重面下にある地盤の粘着力（単位　kN/m²）

B　基礎荷重面の短辺又は短径（単位　m）

N_c、N_γ 及び N_q　地盤内部の摩擦角に応じて次の表に掲げる支持力係数

支持力係数 ＼ 内部摩擦角	0度	5度	10度	15度	20度	25度	28度	32度	36度	40度以上
N_c	5.1	6.5	8.3	11.0	14.8	20.7	25.8	35.5	50.6	75.3
N_γ	0	0.1	0.4	1.1	2.9	6.8	11.2	22.0	44.4	93.7
N_q	1.0	1.6	2.5	3.9	6.4	10.7	14.7	23.2	37.8	64.2

この表に掲げる内部摩擦角以外の内部摩擦角に応じた N_c、N_γ 及び N_q は、表に掲げる数値をそれぞれ直線的に補間した数値とする。

γ_1　基礎荷重面下にある地盤の単位体積重量又は水中単位体積重量（単位　kN/m³）

γ_2　基礎荷重面より上方にある地盤の平均単位体積重量又は水中単位体積重量（単位　kN/m³）

D_f　基礎に近接した最低地盤面から基礎荷重面までの深さ（単位　m）

qt　平板載荷試験による降伏荷重度の 1/2 の数値又は極限応力度の 1/3 の数値のうちいずれか小さい数値（単位　kN/m²）

N'　基礎荷重面下の地盤の種類に応じて次の表に掲げる係数

係数 \ 地盤の種類	密実な砂質地盤	砂質地盤（密実なものを除く。）	粘土質地盤
N'	12	6	3

$\overline{N_{sw}}$ 基礎の底部から下方2m以内の距離にある地盤のスウェーデン式サウンディングにおける1mあたりの半回転数（150を超える場合は150とする。）の平均値（単位　回）

平13国交告第1113号第2の最初の表中の（1）式は、テルツァーギの「浅い基礎の極限支持力式」を利用したもので、地盤調査結果から、地盤の粘着力、内部摩擦角、単位体積重量などを求めて算出します。

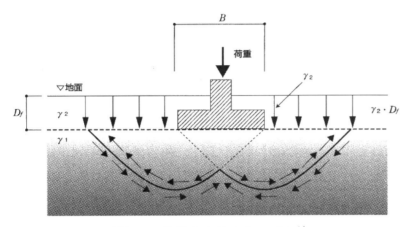

図3.1　地盤の支持メカニズム[1]

テルツァーギの浅い基礎の場合の支持力式を下記に示します。

$$q_{aL} = \frac{1}{3}(\underbrace{\alpha \cdot c \cdot N_c}_{\text{粘着力の項}} + \underbrace{\beta \cdot \gamma_1 \cdot B \cdot N_\gamma}_{\substack{\text{内部摩擦角} \\ \text{基礎幅の項}}} + \underbrace{\gamma_2 \cdot D_f \cdot N_q}_{\text{基礎根入れの項}}) \quad (\text{kN/m}^2)$$

↑ 長期の安全率は3

C、ϕ、D_f、B のそれぞれが大きくなると、支持力は大きくなります。

memo

平13国交告第1113号の（1）式は、テルツァーギの支持力式を採用しています。

支持力は、次の事項で大きくなります。

①第1項のC（粘着力）が大きくなる

②第2項のB（基礎ベース幅）が大きくなる

③第3項のD_f（基礎の根入れ）が深くなる

一般的な地盤で支持力を算定すると、各項の数値の大きさは、第1項を100とすると。第2項は0.01、第3項は0.1程度の大きさです。第2項は極めて小さい値であり、第3項も住宅の場合は基礎の根入れ深さが浅いため、深基礎の場合を除き、支持力算定に算入しない（安全側の算定）で、第1項だけで算定する簡単な方法もあります。

告示の（3）式で算定する方法が一般的ですが、（1）式でも簡単に算定できます。

1) 藤井衛・若命善雄・真島正人、新ザ・ソイル、建築技術、2011

告示1113号の（1）式に i があるのは？

告示式では、基礎に作用する荷重を、鉛直方向のみではなく、斜めに作用する場合も想定して、傾斜角に応じて有効接地面全体に対する平均値として求めています。

コーヒーブレイク　内部摩擦角 φ

内部摩擦角とは、土粒子の機械的な噛み合わせによって生じる抵抗力のことを言います。簡単に表現すると、砂時計を逆さにした時、落ちた砂がある角度を持った山になります。このように砂や土が自立し得る最大の角度を安息角といい、この値は内部摩擦角にほぼ等しいといわれています。つまり、よく締まり粒の大きい土ほど内部摩擦角は大きくなります。

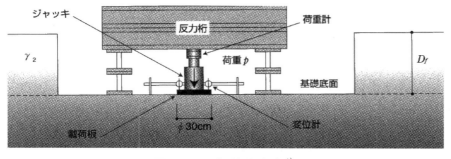

図3.2 平板載荷試験[1]

平板載荷試験を行う場合、直径が30cmの載荷板を用いるのが一般的であるため、その結果は載荷板直下の1m程度の地盤状況しか評価できません。結果の解釈には注意が必要となります。

（3）式は、SWS試験結果を用いて算出する式です。木造住宅では、SWS試験の利用頻度が高いことから、（3）式を用いることが多いですが、その際、平13国交告第1113号第2の「ただし書き」に示されているように、液状化のおそれのある地盤や地盤中にSWS試験で自沈する層がある場合は、建築物の自重による沈下その他の地盤の変形等を考慮して、建築物又は建築物の部分に有害な損傷、変形および沈下に対して十分検討することが求められています。

ここで、検討を求められている自沈層とは、図3.3の①または②に該当する場合のことです。

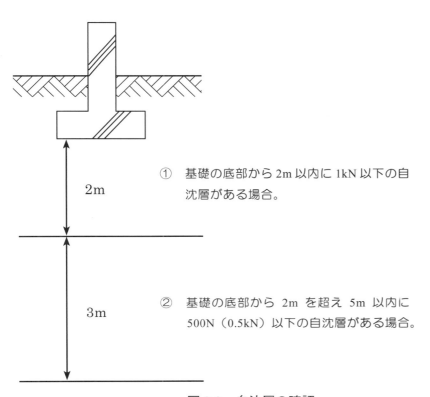

図3.3 自沈層の確認

1) 藤井衛・若命善雄・真島正人、新ザ・ソイル、建築技術、2011

① 1kN以下の自沈層
SWS試験において、荷重が0.05、0.15、0.25、0.50、0.75、1.00kNで自沈する層のこと。

② 500N以下の自沈層
SWS試験において、荷重が0.05、0.15、0.25、0.50kNで自沈する層のこと。

4. 地盤調査

4.1 地盤調査から基礎選定の手順

　地盤調査から基礎選定の一般的な手順を図 4.1 に示します。基礎の選定にあたっては、建物条件・地盤条件・敷地条件・周辺状況などについて事前に調査します。
　小規模建築物（特に木造住宅）は、軽量であるため、支持力（地盤の許容応力度）より宅地地盤の沈下や変形の検討が重要となります。したがって、微地形や敷地の現況を十分に把握する必要があります。

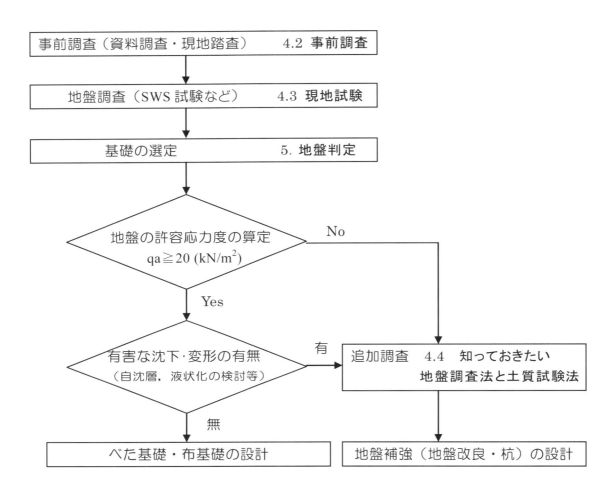

図 4.1　地盤調査から基礎選定の手順

4.2 事前調査

4.2.1 資料調査

既存資料を収集し活用することで、その敷地の地盤概要を知ることができます。以下に、資料調査に有効活用できる資料の概要を示します。

(1) 地形図
地形とは、地表面の起伏状態（凹凸）を指します。地形図では等高線や土地利用状況が分かります。

(2) 旧版地形図
古い地形図を取り寄せることで、土地改変が進む以前の地形を示していることが多く、現在の地形と見比べることで造成状況が推定できます。

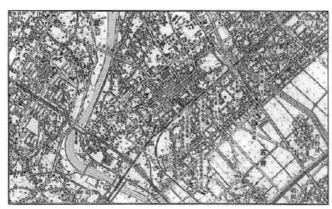

図4.2　地形図（平成9年）[1]

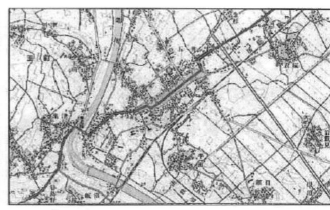

図4.3　旧版地形図（昭和44年）[1]

(3) 土地条件図・土地分類図
土地条件図・土地分類図では、土地の形態や性状を示す地形分類が分かります。

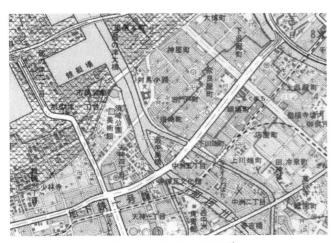

図4.4　土地条件図[2]

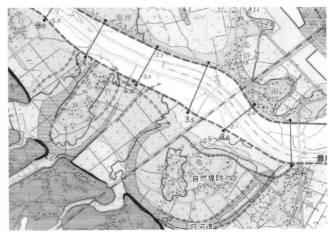

図4.5　治水地形分類図[3]

1) 国土地理院　地形図
2) 国土地理院　土地条件図
3) 国土地理院　治水地形分類図

(4) 空中写真
　空中写真から、地形、土地利用などを知ることができます。また古い空中写真などと見比べることで、都市化の変遷なども分かり人工地形の判断などにも役立ちます。

(5) 地質図
　地表付近の岩石を色や模様で区別し、その構造や分布を地図上に表したもので、産業技術総合研究所や各都道府県発行のもの、国土交通省発行の都道府県別土地分類図の中の表層地質図などがあります。

(6) 地盤図
　地盤図は大都市や臨海工業地帯で作られている、ボーリングデータをまとめたもので、地盤の大まかな構造を知ることができます。

図4.6　空中写真

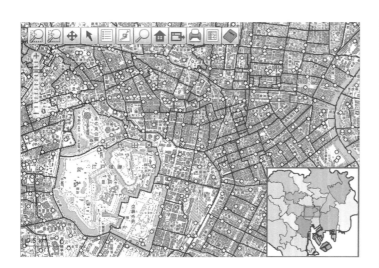
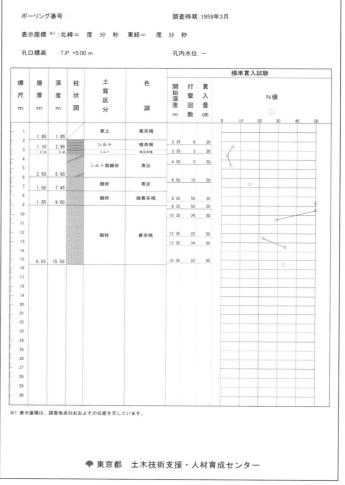

図4.7　東京の地盤[1]

memo

1) 東京都土木技術支援・人材育成センターホームページ、東京の地盤（GIS版）

(7) その他

ハザードマップ（災害予想地図）、都市圏活断層図、液状化履歴図、液状化危険度マップなどがあります。

<参考>参考となる地図の例

地形図	国土地理院（閲覧）	https://maps.gsi.go.jp/
	地図センター（購入）	https://net.jmc.or.jp/map/gsi.html
	地図取扱い書店（購入）	参考：国土地理院販売店一覧 https://www.jmc.or.jp/fukusei-hanpu/hanbai/
旧版地形図	地図センター（購入）	https://net.jmc.or.jp/map/gsi.html
土地条件図、地形分類図	国土地理院（閲覧）	https://maps.gsi.go.jp/
	地図センター（購入）	https://net.jmc.or.jp/map/gsi.html
	地図取扱い書店（購入）	参考：国土地理院販売店一覧 https://www.jmc.or.jp/fukusei-hanpu/hanbai/
地質図	産業技術総合研究所（購入）	http://www.gsj.jp/HomePageJP.html
	産業技術総合研究所（閲覧）	地質図カタログ https://www.gsj.jp/Map/JP/geology4.html
空中写真	国土地理院（閲覧）	https://maps.gsi.go.jp/
	地図センター（購入）	https://net.jmc.or.jp/map/gsi.html
	G空間情報センター（閲覧）	https://front.geospatial.jp/

4.2.2　現地踏査

先に示した資料調査が事務所などで行う調査であるのに対して、現地踏査とは、実際に現地で敷地や既存建物や工作物および周辺を観察するものです。既存建物や工作物は、レベルを確認することで、築造年数と勘案し、今後の沈下予測に有用な情報となります。

上記の URL は 2024 年 5 月のものです。

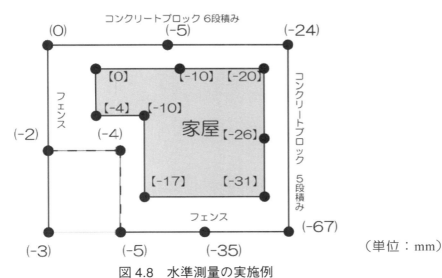

図 4.8　水準測量の実施例

既存擁壁などを抱える敷地は、擁壁の老朽化が建物の沈下へ影響することもあるので十分な注意が必要です。

問題がある宅地地盤の場合には、現象が現れていることが多いので、調査対象の宅地と周辺を注意して観察します。表 4.1 に、異常の例を示します。

表 4.1　異常の例

建物の異常	擁壁や土留めなど工作物の異常	その他の異常
外壁のひび割れ	はらみ出しや倒れ	電柱の傾き
基礎のひび割れ	裏込めの沈下や陥没	道路の変状（陥没、波打ち）
建具の開閉不良	目地のズレや隙	側溝の沈下やズレ
	水抜き孔の不良	

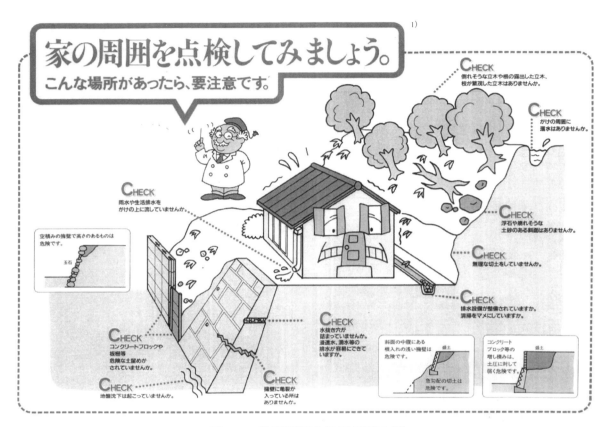

図 4.9　住宅周辺の注意場所の例

memo

1) 横浜市ホームページ
http://www.city.yokohama.lg.jp/kenchiku/guid/takuchi/gake/pam2.pdf

---

コーヒーブレイク　**敷地周囲の高低差に注意**

　地形に傾斜があると通常平坦に造成されます。傾斜が急であれば擁壁が築造され、急であればあるほど擁壁の規模も大きくなります。擁壁背面の埋め戻し部分は不安定な場合が多く、建物の基礎設計には充分な調査・検討が必要です。

＜参考＞注意を要する擁壁

近年の住宅の地震被害において、擁壁にかかわるものが多くみられます。空石積み擁壁、増積み擁壁、二段積み擁壁などの既存不適格擁壁の他、水抜き孔がない擁壁など、要注意です。

写真 4.1　空石積み擁壁

写真 4.2　二段積み擁壁

写真 4.3　空石積み擁壁の地震被害

写真 4.4　二段積み擁壁の地震被害

コーヒーブレイク　擁壁の水抜き孔

擁壁の表面には、通常、縦横 1.5m 程度の間隔で、直径 10cm くらいの孔を設けます。（宅地造成等規制法施行令第 10 条では、擁壁の壁面の面積 $3m^2$ に 1 ヶ所、内径 75mm 以上の水抜き孔を設けることとしています。）

壁のように水をさえぎるものに対しては、水の重量が圧力として壁に作用します。したがって、雨水の浸透や地下水がある場合には、土圧に加えて水圧も作用します。地下壁と異なり片側からのみ圧力を受ける擁壁にとって、土圧に加えて水圧がかかることは、圧力による崩壊の危険性が高くなります。

そこで、擁壁に孔を設けることで、水を排水し、水圧が作用しないようにします。

水抜き孔が目詰まりしていたり、草が生えていたりしている擁壁は、水抜孔の掃除などを行う必要があります。

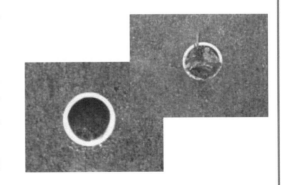

4.3 現地試験

　大型建築物や土木構造物などを対象とする地盤調査では、標準貫入試験、土質試験などが一般的であり、SWS 試験はそれらの補完調査とされています。しかし、SWS 試験は、簡便かつ安価な調査法であることから、小規模建築物の調査法として普及しました。

　したがって、SWS 試験から小規模建築物基礎の選定を行う場合には、SWS 試験の特徴を十分理解した上で調査し、試験データを見る必要があります。また、SWS 試験データで地盤判断に苦慮する場合や地盤補強の設計を行う場合は、追加の調査を実施するなどにより地盤を評価することが必要です。

4.3.1 SWS 試験の概要

　SWS 試験は、スクリューポイントを地盤に貫入させ、そのときの貫入に要する荷重（W_{sw}:kN）と回転数（N_{sw}: 回数）を測定するもので、JIS A 1221（2020）に規定された地盤調査法です。図 4.10 に試験装置を示します。SWS 試験はおおむね以下の内容です。

SWS 試験方法の概要

① ロッドの先端にスクリューポイントを取り付け、載荷装置を固定。調査地点に垂直に立てる。

② 50N の荷重を載荷する（500 から始めることも可）。

③ 載荷荷重でロッドが貫入するかを確認。貫入する場合は、貫入が止まったときの貫入量を記載。また、貫入状況も記載する。

④ 荷重を増加し、150N、250N、500N、750N、1000N で③の内容を行う（500、750、1000 のみとすることも可）。

⑤ 1000N で貫入が止まった場合、貫入量の測定後、ロッドを回転させ、目盛り線まで貫入させるのに必要な半回転数を計測する。以降、25cm 貫入させるのに必要な半回転数を計測する操作を繰り返す。

⑥ ②～④の操作の途中で載荷装置下端が地面に達した場合、除荷し、ロッドを継ぎ足して②～④を行う。

⑦ ⑤の操作の途中で、急激に貫入速度が増大した場合、回転を止め、荷重（1000N）だけで貫入するか否かを確認する。貫入する場合、③、貫入しない場合⑤を行う。

　適用範囲は玉石、レキを除くあらゆる地盤に対して測定可能で、測定深度は概ね 10 ～ 15 m 程度です。ロッドに付着した土や水分、あるいは貫入時の音によって大まかな水位や地質の推定ができる場合もあります。最近では手動式装置の他、全自動式、半自動式といった機械によって省力化、迅速化がなされ、様々な自動式装置が開発され実用化されています。写真 4.5 に試験の様子を示します。

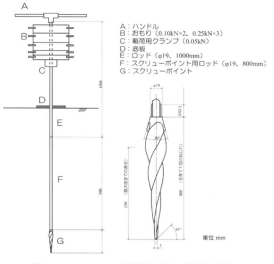

図 4.10　SWS 試験装置（手動式）

写真 4.5　SWS 試験（①手動式、②半自動式、③全自動式）

表 4.2　SWS 試験の長所と短所

長所	短所
①　狭い場所でも調査が可能。ボーリングに比べると、試験器具類が軽くて少ないので、傾斜地や階段上でも容易に道具を運べる。 ②　調査時間が短く費用も安価である。 ③　土の強さを連続して測定できる。また地盤の硬軟度合の細かな変化がわかる。 ④　短時間で測定ポイント数が多くとれるので、地層傾斜などの変化も把握し易い。	①　土質試料が採取できないため、概略的な土質の判定しかできない。 ②　盛土に大きなレキやガラがあると貫通できず、盛土下位地盤の調査ができないことがある。 ③　硬い地盤や締まった地盤に達すると貫入困難または不能となり、その厚さを確認できない。 ④　深度が増すと、ロッドの摩擦抵抗やロッド重量がデータに影響し、データの信頼性が低くなる。

コーヒーブレイク　自動式の SWS 試験機

　近年は全自動式・半自動式の SWS 試験装置がよく使用されています。これらの機械式の試験機は独自に開発されたものが多く、荷重の制御方法や回転速度などそれぞれ特徴があります。機械式の試験機を用いる場合、定期的な性能検査によって JIS 規格に適合していることを確認する必要があります。

表4.3 SWS試験の留意事項

項目	留意事項
調査・ポイント数	・ 調査ポイントは原則3箇所以上とし、計画建物の四隅と中心の5箇所を標準とする。 ・ 不均質な地盤や既存構造物など、調査ポイントが不足と判断される地盤では追加する。
調査深度	・ 調査深度は原則5m以上とする。（平13国交告第1113号での自沈層確認） ・ 適用深度はロッド周面の摩擦力が影響するため、10mまでとする。 ・ Nswが150を超える場合は150とする（地盤補強工法等で認定などの評価を受けた地盤調査の適用範囲を除く）。
スクリューポイントの摩耗	・ スクリューポイントに3mm程度以上の摩耗がみられたときには、交換する。摩耗したスクリューポイントでは、締まった土層に対しては貫通力が弱く、やわらかい土層では逆に貫入しやすい。
手動式と自動式	・ 比較試験の結果、手動式と自動式に大きな違いはないが、自動式の場合、ロッドの貫入速度で自沈を判定していることなどから、自動式は手動式よりWswが実荷重より小さめに表示される可能性がある。
ガラ・盛土	・ 礫やガラ等の障害により、貫入抵抗値が過大となる場合は、適切に評価する。特にガラなどの盛土において、貫入抵抗が大きくなるが、この場合、支持地盤としては評価できない。
土質の推定と地下水位	・ 土質の推定は、貫入中のスクリューポイントの抵抗と摩擦音などにより行う。また、地下水位はロッドのしめり具合により推定する。 ・ 圧密沈下量や液状化現象について検討する場合には、サンプリングにより土質を判定（砂質土、粘性土）し、含水比・細粒分含有率を求める。また、地下水位は水位計により調査する。
対象敷地内の既存構造物	・ 対象敷地内に既存構造物があり、地盤調査が適性にできない場合は、近隣の地盤調査データ（ボーリングデータ、SWS試験データ等）を参考とする。ただし、既存家屋解体後に本表に基づき適切な調査を実施する。
SWS試験で地盤の適切な評価ができない場合	・ SWS試験では、地盤評価が適切にできない場合には、標準貫入試験や動的コーン貫入試験などの別の調査方法を選択する。

写真4.6 SWS試験のスクリューポイントの摩耗のチェック

スクリューポイントが磨耗していると試験結果に影響が出ます。試験前に写真4.6に示すような計測治具によって、スクリューポイントの磨耗度を調べます。

4.3.2　SWS 試験データの見方

（1）SWS 試験で得られるデータ

SWS 試験では、以下のデータを得ることができます。SWS 試験の詳細方法は JIS A 1221 を参照してください。

W_{sw}: 貫入ロッドの頭部に載せた荷重（kN）

N_{sw}: 貫入量 1m に要する半回転数（回）

JIS A 1221	スウェーデン式サウンディング試験

調査件名　○○地区地盤調査　　試験年月日　2004.4.1

地点番号（地盤高）　S-1（T.P.+8.50m）　　試験者　地盤太郎

載荷装置の種類	おもりによる載荷	回転装置の種類	人力による	天候	晴

	荷重 W_{sw} kN	半回転数 N_a	貫入深さ D m	貫入量 L cm	1m当たりの半回転数 N_{sw}	記事
	0.05		0.25	25		
	0.15		0.40	15		
	0.25		0.50	10		
	0.50		0.70	20		
	0.75		1.25	55		
	1.00		1.50	25		
①	〃	3.5	1.65	15	23	礫に当たる
②	〃		2.00	35		瞬時に貫入
③	0.50		2.30	30		
	0.75		2.40	10		
	1.00		2.55	15		
	〃	4	2.80	25	16	砂音
	〃	14	3.05	25	56	〃
	〃	20	3.30	25	80	〃
	〃	28	3.55	25	112	〃
	〃	31	3.80	25	124	〃
	〃	32	4.05	25	128	〃
	〃	24	4.30	25	96	〃
	〃	13	4.55	25	52	〃
	〃	6	4.80	25	24	〃
④	〃		4.95	15		
⑤	0.75		5.10	15		
	1.00		5.35	25		
	0.75		5.60	25		瞬時に貫入

記事欄には貫入に伴う感触，貫入の状況などを記録する

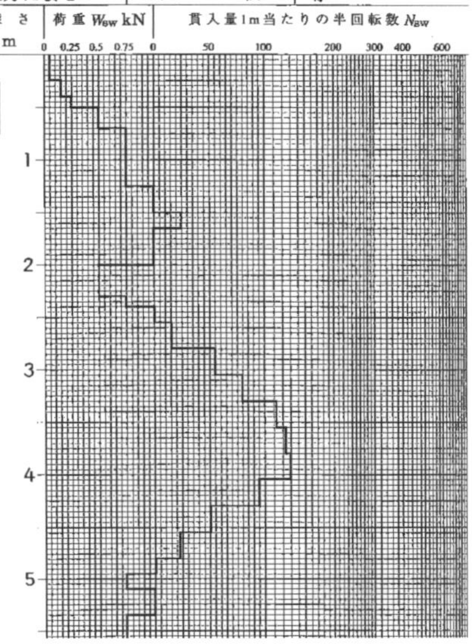

図 4.11　SWS 試験結果シートの記入例

図 4.11 の SWS 試験結果から、以下の内容を読みとることができます。

① 7 行目…3.5 半回転（1.75 回転）で 1.5m ⇒ 1.65m まで貫入した。1.65m の位置が目盛り線。1.5m から 1.65m の間に礫があった。

② 8 行目…目盛り線から、回転させようとしたが、瞬時に 2.0m まで貫入し、積荷装置が地表に達し、2.0m で貫入がとまった。

③ 9 行目…積荷装置が地表に達したため、ロッドを継ぎ足し、500N からスタート。

④ 21 行目…4.8m ⇒ 4.95m までは自沈した。

⑤ 22 行目…5.10m で積荷装置が地表に達した。ロッドを継ぎ足し、500N からスタート。ただし、500N では貫入しなかったため、750N に増加。

図 4.11 で分かるように、実際には、貫入量 L（cm）に要した半回転数 N_a（回）が測定されることが多く、これを「貫入量 1m あたりの半回転数 N_{sw}」に逆算して用います。

$$N_{sw} = 100/L \times N_a$$

N_{sw} が大きくなると、空転回数（貫入量が 1cm にも満たないのにカウントされる数）を含んでいる可能性も考えられます。このような状況で地盤定数を推定すると、危険側の評価となるので、平 13 国交告第 1113 号では、N_{sw} の上限値として 150 を設けています。

貫入音や貫入ロッド引抜き時のロッドに付着する土や水分などから、粘性土 / 砂質土程度の大まかな土質の判別や水位が推測されることもありますが、測定者の技量に依ることもあるため、あくまでも、「参考程度」にとどめておく必要があります。

コーヒーブレイク　土質の判別

SWS 試験の報告書に粘性土や砂質土の記載がありますが、SWS 試験では土のサンプリングができないので、土質の判別は困難です。試験実施者が回転貫入の際の感触や伝わってくる音などから、粘性土なのか砂質土なのかを推測していることが多いので、試験者の経験などによってばらつきが生じます。SWS 試験孔を利用してサンプリングし、土質を確認することが重要です。

（2）SWS 試験結果の評価手法

　SWS 試験結果の N_{sw}、W_{sw} を使って、N 値、一軸圧縮強さ q_u や土の粘着力 C を求める式が提案されています。また、地盤の許容応力度を直接的に算定することができます。

表 4.4　SWS 試験結果の利用

評価項目	推定式・評価手法	備　考
N 値	砂質土 $N = 2W_{sw}+0.067N_{sw}$　　　（稲田式） 粘性土 $N = 3W_{sw}+0.050N_{sw}$　　　（稲田式）	W_{sw}（kN）
一軸圧縮強さ q_u	$q_u = 45W_{sw}+0.75N_{sw}$　（kN/m^2）　（稲田式）	
土の粘着力 C	$c = q_u/2$ 　 $= 22.5W_{sw}+0.375N_{sw}$　（kN/m^2）	
地盤の長期 許容応力度 q_a	$q_a = 30+0.6\overline{N_{sw}}$　　　　　（告示（3）式）	
土質	粘性土：貫入音が無音. 砂質土：貫入音がジャリジャリ、ガリガリなど.	

memo

N 値

　ここでの N 値とは、標準貫入試験で求められる N 値のことで、柱に生じる引抜き力を接合部倍率として表した N 値とは異なります。

4.4.1 参照

一軸圧縮強さ

　「一軸圧縮強さ」とは、円柱形の試料を側圧を加えずに圧縮したときの最大の強さをいう。側圧を加えない状態で試料が自立するということは、粘性土であることを示しています。したがって、一軸圧縮強さから粘着力が算定できます。

ひとりでやってみよう 1

■ 地盤の N 値と一軸圧縮強さを求めます。

　下記に SWS 試験結果（図 4.11 と同じものです。）を示します。この図から、地盤の N 値と一軸圧縮強さを求めます。

JIS A 1221	スウェーデン式サウンディング試験	
調査件名　○○地区地盤調査	試験年月日　**2004.4.1**	
地点番号（地盤高）S-1（T.P.+8.50m）	試験者　**地盤太郎**	

載荷装置の種類	おもりによる載荷		回転装置の種類	人力による	天候	晴		
荷重 W_{sw} kN	半回転数 N_a	貫入深さ D m	貫入量 L cm	1m当たりの半回転数 N_{sw}	記事	深さ m		貫入量1m当たりの半回転数 N_{sw}
0.05		0.25	25					
0.15		0.40	15					
0.25		0.50	10					
0.50		0.70	20					
0.75		1.25	55					
1.00		1.50	25					
〃	3.5	1.65	15	23	礫に当たる 瞬時に貫入			
〃		2.00	35					
0.50		2.30	30					
0.75		2.40	10					
1.00		2.55	15					
〃	4	2.80	25	16	砂音			
〃	14	3.05	25	56	〃			
〃	20	3.30	25	80	〃			
〃	28	3.55	25	112	〃			
〃	31	3.80	25	124	〃			
〃	32	4.05	25	128	〃			
〃	24	4.30	25	96	〃			
〃	13	4.55	25	52	〃			
〃	6	4.80	25	24	〃			
〃		4.95	15					
0.75		5.10	15					
1.00		5.35	25					
0.75		5.60	25		瞬時に貫入			

> 記事欄には貫入に伴う感触，貫入の状況などを記録する

（1）貫入深さ 3.3m の地盤の N 値を求めます。

　貫入深さ 3.3m の地盤は砂質土なので、表 4.4 の、$N=2W_{SW}+0.067N_{SW}$ を使用します。

$$N = 2W_{SW} + 0.067N_{SW}$$

$$= 2 \times \langle^1　　\rangle + 0.067 \times \langle^2　　\rangle$$

$$= \langle^3　　\rangle$$

（2）貫入深さ 1.5m の土の一軸圧縮強さを求めます。

　一軸圧縮強さの算定には、表 4.4 の $q_u=45W_{SW}+0.75N_{SW}$ を使用します。

$$q_u = 45W_{SW} + 0.75N_{SW} \ (kN/m^2)$$

$$= 45 \times \langle^4　　\rangle + 0.75 \times \langle^5　　\rangle$$

$$= \langle^6　　\rangle \ (kN/m^2)$$

4.4 知っておきたい地盤調査法と土質試験法

4.4.1 標準貫入試験

この試験は、質量 63.5（±0.5）kg のドライブハンマーを 76（±1）cm の高さから自由落下させ、ボーリングロッド頭部に取り付けたノッキングヘッドを打撃し、ボーリングロッド先端に取り付けた標準貫入試験用サンプラーを地盤に 30 cm 打ち込むのに要する打撃回数（N値）を求める試験です。

N 値を直接測定できることから、杭の先端支持層の強さなどを求めるのに有効で、ボーリングと併用した試験であることから、土質が目視確認できます。

memo

1）（公社）地盤工学会、地盤調査の方法と解説

2）N 値から内部摩擦角 ϕ を計算し、支持力係数（N_c、N_γ、N_q）を求めることで、直接基礎の支持力を算定することができます。（平 13 国交告第 1113 号第 2（1））

写真 4.4 標準貫入試験

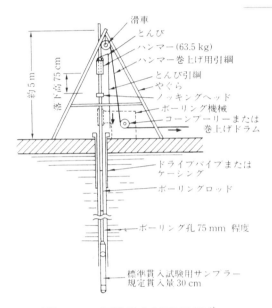

図 4.12 標準貫入試験機器[1]

N 値の用途としては、
　①直接基礎の支持力[2]
　②杭の支持力および周面摩擦力
　③砂地盤の内部摩擦角の推定
　④土の一軸圧縮強さの推定
　⑤液状化強度
などに使われます。

コーヒーブレイク　標準貫入試験の生い立ち

標準貫入試験は動的な貫入試験であり、現在、日本で行われているサウンディングのなかで、最も普及した方法です。この試験は、1927 年アメリカの H.A.Mohr（モール）によって始められた、ボーリングの際のロッド打ち込み試験に端を発し、その後サンプラーの形状を Raymond Concrete が改良して現在の形になりました。

質量の 63.5 kg は、140 lb（ポンド）、落下高さの 76 cm は、30 in（インチ）、打ち込む貫入量の 30 cm は、1 ft（フィート）と統一されています。

　　1 lb（ポンド）= 0.454 kg
　　1 in（インチ）= 0.0254 m
　　1 ft（フィート）= 0.3048 m

4.4.2 平板載荷試験

　この試験は、構造物を設置する地盤に載荷板を通じて荷重を加え、荷重と沈下量の関係から地盤の支持力を求めるために行う現位置試験です。

　一般に平板載荷試験に使用する載荷板は、直径 30 cm です。よって、実際の構造物の載荷面よりも小さく、両者に等荷重度が作用したときの地中における等応力面は、図 4.14 に示すようにほぼ球状に荷重面の幅に比例した大きさになります。したがって、この試験は、実際の構造物の荷重影響圏内に強度の小さい地盤が含まれる場合には、適切な方法ではありません。また、一般に同一土層である場合でも、地盤の性状が深さ方向に変化したり、局所的に不規則な可能性もあるため、載荷試験結果はサウンディングや土質試験と合わせて検討するのが理想的です。

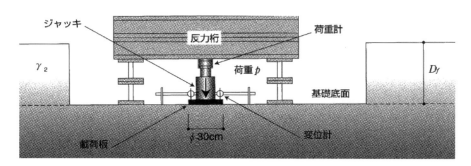

図 4.13　平板載荷試験機器 [1]

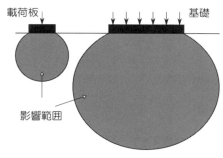

図 4.14　載荷幅と地中応力の関係を示すイメージ

4.4.3 土質試験

　現位置で行う試験では、設計に使う土質定数を換算して求めますが、現場でサンプリングし室内で行う土質試験では、土質定数が、直接求められるため、信頼性が高いと考えられます。ただし、サンプリングされた土質試料の品質が試験結果の精度に影響を及ぼしますので、試験の目的に応じて、適切なサンプリング方法を選択することが重要です。

表 4.5　土質試験と利用方法

試験方法と種類	主な利用方法
土の判別分類試験（一般観察）	土質分類
pH 試験	安定処理土の効果
含水比試験	土の基本的性質
粒度試験（ふるい分析, 沈降分析　他）	土質分類 液状化判定
圧密試験	圧密沈下量
一軸圧縮試験	支持力
三軸圧縮試験(非圧密-非排水(UU), 圧密-非排水(CU), 圧密-非排水（CU-）, 圧密-排水（CD）)	液状化判定 支持力
液性限界・塑性限界試験（コンシステンシー）	土の安定性 粘着度合
湿潤土の密度試験	土の基本的性質 土の締固め度

1) 藤井衛・若命善雄・真島正人、新ザ・ソイル、建築技術、2011

5. 地盤判定

　小規模建築物での宅地地盤の許容応力度は、一般的に、SWS試験結果を告示式に適用して求めています。しかし、基礎下5m区間に自沈層がある場合は、建築物の自重による沈下その他の地盤の変形等を考慮して建築物または建築物の部分に有害な損傷、変形および沈下が生じないことを確かめた上で、告示式を適用しなければなりません。また液状化のおそれのある地盤の場合も同様に検討が必要となります。

　すなわち、地盤の許容応力度を求めるには、

　　　"支持力"
　　　"沈下"
　　　"液状化"

の3つの検討が必要となります。

　沈下と液状化の検討をせずに、告示式で許容応力度を求めることは、"支持力"を求めただけということになります。

5.1　地盤の許容応力度の算定

　地盤の許容応力度はSWS試験結果を用いる場合、平13国交告第1113号第2（3）式より、

$$q_a = 30 + 0.6\overline{N_{sw}} \quad (\text{kN/m}^2)$$

で求められます。$\overline{N_{sw}}$は、直接基礎の応力が地中に及ぼす影響範囲（深度）の平均値で考え、工学的には、基礎底盤幅の2倍程度の深さを対象としており、べた基礎の場合は、基礎直下から2m程度を影響範囲として算出します。ただし、平13国交告第1113号では、基礎の種類に関わらず、基礎直下から2mの平均値として与えていますので注意して下さい。

　$\overline{N_{SW}}$の算出には、各深さのN_{sw}のうち、150を超える層については150を上限値として平均します。自沈層が基礎下2m以内にある場合には、自沈荷重や層厚など、地盤の許容応力度に与える影響を別途検討します。

　SWS試験以外の調査法で地盤の許容応力度を求める場合は、平13国交告第1113号第2（1）または（2）式を用いて算定することもできます。（1）式は、テルツァーギの修正支持力式が基になっていて、一般の建築物の基礎設計に用いられていますが、小規模建築物の場合は、根入れ深さが30cm前後で根入れの効果が期待できないこと、表層部の土質が埋土であることが多いことなど、正確な土質定数が評価しにくいことなどから、（3）式で直接的に地盤の許容応力度を算定することが多い。

ポイント　（一社）日本建築学会「小規模建築物基礎設計指針」推奨式

　（一社）日本建築学会の小規模建築物基礎設計指針には以下の式が記載されており、これも参考になります。

$$q_a = 30\overline{W_{sw}} + 0.64\overline{N_{sw}} \quad (\text{kN/m}^2)$$

　ただし、平13国交告第1113号第2（3）式で算出された値を上回る値をq_aとすることはできないので、注意してください。

$\overline{W_{SW}}$

　「$\overline{W_{SW}}$」は、上記本文の$\overline{N_{SW}}$と同様に、基礎直下から2mまでのSWS試験における貫入時の荷重の平均値（kN）です。

ひとりでやってみよう２

■ 地盤の長期許容応力度を求めます。

　以下の地盤調査結果から、長期に生ずる力に対する地盤の許容応力度を求めます。基礎の根入れ深さを 0.25m とします。

JIS A 1221			スウェーデン式サウンディング試験						
調査件名		建築太郎			試験年月日				
地点番号(地盤高さ)		調査点 A （KBM±0）			試　験　者				
回転装置の種類	手動	天候	晴れ						
荷重 W_{sw} kN	半回転数 N_a	貫入深さ D m	貫入量 L m	1mあたりの半回転数 N_{sw}	記事	深さ m	荷重 W_{sw} kN 0 0.25 0.50 0.75		貫入量1mあたりの半回転数 N_{sw} 0　50　100　150　200
1.00	0	0.25	0.25	0	シャリシャリ				
1.00	1	0.50	0.25	4	シャリシャリ				
1.00	2	0.75	0.25	8	シャリシャリ				
1.00	2	1.00	0.25	8	シャリシャリ	1.0			
1.00	3	1.25	0.25	12	シャリシャリ				
1.00	4	1.50	0.25	16	シャリシャリ				
1.00	4	1.75	0.25	16	シャリシャリ				
1.00	5	2.00	0.25	20	シャリシャリ	2.0			
1.00	6	2.25	0.25	24	シャリシャリ				
1.00	6	2.50	0.25	24	シャリシャリ				
1.00	6	2.75	0.25	24	シャリシャリ				
1.00	8	3.00	0.25	32	シャリシャリ	3.0			
1.00	10	3.25	0.25	40	シャリシャリ				
1.00	11	3.50	0.25	44	シャリシャリ				
1.00	12	3.75	0.25	48	シャリシャリ				
1.00	13	4.00	0.25	52	シャリシャリ	4.0			
1.00	13	4.25	0.25	52	シャリシャリ				
1.00	14	4.50	0.25	56	シャリシャリ				
1.00	16	4.75	0.25	64	シャリシャリ				
1.00	15	5.00	0.25	60	シャリシャリ	5.0			
1.00	16	5.25	0.25	64	シャリシャリ				
1.00	18	5.50	0.25	72	シャリシャリ				

　SWS 試験結果から、基礎底部から 2m の範囲（GL.−0.25m 〜 −2.25m）の W_{sw} と N_{sw} それぞれの平均値 を求めます。

（1） $\overline{N_{sw}}$ を求めます。

　区間【−0.25m 〜 −2.25m】の平均半回転数 は、以下の方法により求めます。

　　貫入量 L と 1m あたりの半回転数を掛けて合計し、区間の総貫入量で割ります。
したがって、

$$\overline{N_{sw}} = \frac{\langle^7\quad\rangle + \langle^8\quad\rangle + \langle^9\quad\rangle + \langle^{10}\quad\rangle + \langle^{11}\quad\rangle + \langle^{12}\quad\rangle + \langle^{13}\quad\rangle + \langle^{14}\quad\rangle}{\langle^{15}\quad\rangle}$$

$$= \langle^{16}\quad\rangle$$

（2） q_a を求めます。

　平 13 国交告第 1113 号第 2 （3）式より、

$$q_a = 30 + 0.6 \times \overline{N_{sw}} = 30 + \langle^{17}\quad\rangle \times \langle^{16}\quad\rangle = \langle^{18}\quad\rangle \quad (kN/m^2)$$

5.2 沈下の検討

SWS 試験結果から、地盤の許容応力度を平 13 国交告第 1113 号第 2（3）式より求める場合には、基礎の底部から 5m の範囲に図 5.1 に示す条件の荷重により自沈する層が存在する場合には、建築物の自重による沈下その他の地盤の変形等を考慮して建築物または建築物の部分に有害な損傷、変形および沈下が生じないことを確かめます。

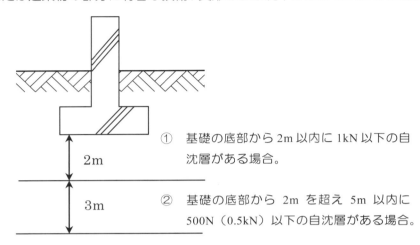

① 基礎の底部から 2m 以内に 1kN 以下の自沈層がある場合。

② 基礎の底部から 2m を超え 5m 以内に 500N（0.5kN）以下の自沈層がある場合。

図 5.1　自沈層がある場合の判断基準

① 1kN 以下の自沈層
SWS 試験において、荷重が 0.05、0.15、0.25、0.50、0.75、1.00kN で自沈する層のこと。

② 500N 以下の自沈層
SWS 試験において、荷重が 0.05、0.15、0.25、0.50kN で自沈する層のこと。

沈下の種類には、即時沈下や圧密沈下などがありますが、即時沈下は、透水性の高い砂質地盤に荷重が加わると直後に土中の水が移動し即時に沈下が終了するため、小規模な住宅のような荷重が小さい場合に、即時沈下が問題となることはほとんどありません。表層部の支持力度の検討が即時沈下の検討を兼ねているとみなせます。

表 5.1 は、小規模建築物の許容沈下量の参考値です。これは、沈下の種類、基礎形式別に許容される値を示したもので、沈下量がこの程度以下になることを確認します。

表 5.1　許容沈下量の参考値（cm）

沈下の種類	即時沈下		圧密沈下	
基礎形式	布基礎	べた基礎	布基礎	べた基礎
標準値	2.5	3〜（4）	10	10〜（15）
最大値	4	6〜（8）	20	20〜（30）

標準値：不同沈下による亀裂がほとんど発生しない限度値
最大値：幾分かの不同沈下亀裂が発生するが障害には至らない限度値
（　）：剛性の高いべた基礎の値

平 13 国交告第 1113 号第 2 の文章中の「建築物又は建築物の部分に有害な損傷、変形及び沈下が生じないこと」には、「不同沈下が生じないこと」も含まれます。

不同沈下が生じる可能性の高い地盤としては、高有機質土（腐植土）が堆積している地盤あるいは軟弱層の層厚に差がある場合などがあります。その他にも「2. 宅地地盤として注意を要する地盤」の「表 2.1 不均質地盤の種類」などがあげられます。

不同沈下は、傾斜角によって評価します。傾斜角 ϕ [1] は、次式により各調査ポイントの圧密沈下量の差と調査ポイント間の距離によって算定したもののうち最大値とします。

$$\phi = \frac{S_i - S_j}{L_{ij}}$$

ここで、ϕ ：傾斜角（3/1,000 未満）[2]
S_i ：調査ポイント i の圧密沈下量（m）
S_j ：調査ポイント j の圧密沈下量（m）
L_{ij} ：調査ポイント i と j の距離（m）

1) ここでの ϕ は砂の内部摩擦角ではありません。

2) 傾斜角の判定の基準値を、計算などにより、予測する場合は、3/1,000 を目安とします。（一社）日本建築学会「小規模建築物基礎設計指針」では、不同沈下の設計目標値の参考値を傾斜角 3/1,000 以下としています。

コーヒーブレイク　**盛土荷重**

　土の単位体積重量は、粘性土で 16kN/m³ 程度、砂質土では 18kN/m³ 程度が一般的です。したがって、新たに 1m 盛土してしまうと建物荷重をはるかに超える荷重を原地盤に加えたことになり、盛土自身の収縮や、原地盤が軟弱な場合は盛土荷重による原地盤の沈下も発生し、建物の不同沈下を起こす原因となります。盛土は十分な放置期間があれば安定しますが、新しい場合は、盛土の荷重の影響を設計に反映させる必要があります。

<参考＞圧密沈下量の計算方法 [1]

　以下に示すような簡易な沈下量計算を使用することによって、地盤の傾斜角が 3/1,000 未満である（不同沈下のおそれが少ない）か否かを確認するための参考値とすることもできます。

　圧密沈下量の計算方法は、以下の二つの方法があります。

1）圧縮指数を用いる Cc 法

　増加荷重に対する間隙比の変化量で計算する方法。

$$S = \frac{C_C \cdot H}{1 + e_0} log\left(\frac{P_C + \Delta\sigma}{P_C}\right)$$
$$C_C = w_L$$

ここで、S ：圧密沈下量（m）

C_C ：圧縮指数

H ：圧密対象層厚（m）

e_0 ：初期間隙比

$\Delta\sigma$ ：建物建設による地中増加応力（kN/m^3）

P_C ：圧密降伏応力（kN/m^3）... 正規圧密では有効上載圧 σ_0

w_L ：液性限界（%）

　含水比 w を代用する場合は注意して用いる。

　例えば、$w_L = 1.1w$ など

2）体積圧縮係数を用いる m_v 法

　増加荷重に対する体積ひずみで計算する方法。

$$S = m_v \Delta\sigma H$$
$$m_v = \frac{1}{80c} = \frac{1}{40q_u} = \frac{1}{40(45W_{sw} + 0.75N_{sw})}$$

ここで、m_v ：体積圧縮係数（m^2/kN）

c ：粘着力（kN/m^2）

qu ：一軸圧縮強さ（kN/m^2）

W_{SW} ：SWS 試験における荷重（kN）

N_{SW} ：SWS 試験における貫入量 1m あたりの半回転数（回/m）

---

memo

1）詳細については、（一社）日本建築学会「小規模建築物基礎設計指針」を参照して下さい。

5.3 液状化危険度の検討

戸建て住宅においては、建築物の自重による沈下その他地盤の変形等を考慮して建築物または建築物の部分に有害な損傷、変形および沈下を生じさせないように、液状化の対策を検討します。なお、液状化対策は、一般的に、中地震時を想定して行います[1]。液状化判定の流れを図 5.2 に示します。

1) 建築基準法は、大地震時において、人命が損なわれるような倒壊を防ぐこと、中地震時において損傷しないことを目的とした耐震基準を示しています。一般的に、液状化現象で、戸建て住宅等が倒壊し、人命が損なわれることは考えにくいため、中地震時に有害な沈下や変形が生じさせないことを検討します。

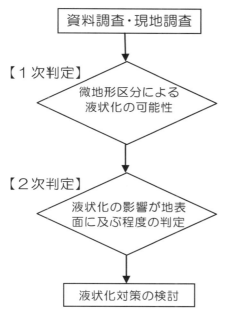

図 5.2　液状化の判定フロー

(1) 1 次判定

事前調査や現地調査によって得られた微地形区分から、表 5.2 微地形から見た液状化可能性によって、地盤の液状化可能性の程度を確認します。併せて、液状化履歴や自治体等が公開している液状化マップなどで確認し、地震時に液状化するおそれがある場合は、2 次判定を行います。

表 5.2　微地形から見た液状化可能性[2]

地盤表層の液状化可能性の程度	微地形区分
大	自然堤防縁辺部、比高の小さい自然堤防、蛇行州、旧河道、旧池沼、砂泥質の河原、砂丘末端緩斜面、人工海浜、砂丘間低地、堤間低池、埋立地、湧水地点（帯）、盛土地*
中	デルタ型谷底平野、緩扇状地、自然堤防、後背低地、湿地、三角州、砂州、干拓地
小	扇状地方谷底平野、扇状地、砂礫層の河原、砂丘、海浜
*: 崖・斜面に隣接した盛土地、低湿地、干拓地・谷底平野の上の盛土地を指す．これ以外の盛土地は、盛土前の地形の区分と同等に扱う．	

2) 浅田秋江、住宅の液状化被害の簡易予測法とその防止法、日本海中部地震 15 周年記念誌、1983

<参考> 公開されている液状化マップの検索例と液状化マップの例

内容	URL
東京都土木技術支援・人材育成センター 液状化予測図	https://doboku.metro.tokyo.lg.jp/start/03-jyouhou/ekijyouka/top.aspx
横浜市　液状化マップ	https://www.city.yokohama.lg.jp/bousai-kyukyu-bohan/bousai-saigai/map/ekijioka/ekijouka-map.html
文部科学省　地震調査研究推進本部　長期評価	https://www.jishin.go.jp/evaluation/long_term_evaluation/
国土交通省　国土地理院　都市圏活断層図	https://maps.gsi.go.jp/
大阪府　液状化可能性	https://www.pref.osaka.lg.jp/kikikanri/keikaku_higaisoutei/sindobunpu_etc.html
埼玉県地震被害想定調査	https://www.pref.saitama.lg.jp/a0401/higaisoutei/index.html
千葉県地震防災地図	https://www.pref.chiba.lg.jp/bousaik/higaisoutei/bousachizu.html
京都府・市町村共同統合型地理情報システム（GIS）	https://g-kyoto.gis.pref.kyoto.lg.jp/g-kyoto/Portal　分類名：「防災」
静岡県　第4次地震被害想定関連資料	https://www.pref.shizuoka.jp/bosaikinkyu/sonae/earthquake/1040810/1029868.html
岐阜県地震危険度マップ	https://gis-gifu.jp/gifu-jishin/f_portal.html
滋賀県　液状化予測図	https://www.pref.shiga.lg.jp/ippan/bousai/zishin/11985.html

図 5.3　液状化マップの例[1]

memo

　左表の URL は、2024 年 4 月のものです。

　アドレスが変更になった場合等は、各行政庁のホームページから「液状化マップ」等の用語で検索してください。

1) 東京都土木技術支援・人材育成センター液状化予測図

(2) 2次判定

1次判定で液状化のおそれがある地盤となった場合、2次判定を行います[1]。

この判定法は、土質と地下水位を確認することにより、液状化によって地表面にその影響が及ぶ程度を推定しようとする簡易な判定法です。また、この方法は、過去の地震被害をもとに提案された簡易判定法です。小規模建築物の場合、液状化による地表面の変状が建築物の被害に大きな影響を及ぼすことを考慮し、地表面から10mまでの範囲において、表層部の非液状化層の厚さとその下部の液状化層の厚さとの関係によって、地表面に被害が及ぶ程度を示したものです。沖積層において、中地震動（200cm/s² 相当）が作用した場合を想定しています。

2次判定法
・非液状化層の厚さ H_1 ：粘性土または地下水位より浅い砂層
　　　　　　　　　　　　　（細粒分含有率 $Fc>35\%$ の粒度の土層）
・液状化層の厚さ H_2 　：非液状化層下面から地表面下10mまでの砂層

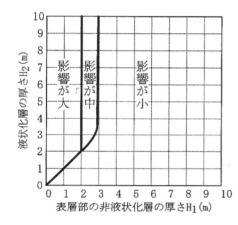

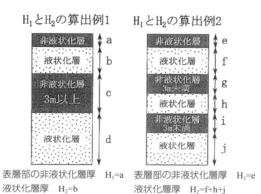

算出例1のように、中間部分に3m以上の非液状化層がある場合、それより下の液状化層厚は H_2 に算入しなくてもよい。

図5.4　液状化の影響が地表面に及ぶ程度の判定
（地表面水平加速度値 200cm/s² 相当）

1) 1次判定では、液状化の可能性が大きいか小さいかを、2次判定では、液状化した場合の地表面への影響を評価する方法を示しましたが、平13国交告第1113号第2では、「地震時に液状化するおそれのある地盤の場合は…（中略）…有害な損傷、変形及び沈下が生じないことを確かめなければならない。」とされています。1次・2次判定の結果は、あくまでも指標です。設計者がこれらの結果を考慮したうえで、その地盤に液状化のおそれがあるか、ないのか、また、建築物に有害な損傷、変形および沈下が生じるのか、生じないのかを判断しなければなりません。

コーヒーブレイク　土質の確認方法と地下水位の測定方法

ハンドオーガーを使用すれば、あまり硬くない地盤であればロッドをつなぐごとにより3m程度の深さまでサンプリングが可能です。

サンプリング器具の例

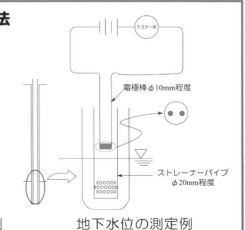

地下水位の測定例

この手法で液状化による影響が地表面（建物）に及ぶ程度を判定します。その結果、地表面や建物に及ぼす影響が大きいようであれば、液状化対策を目的とした地盤補強の設計検討が必要となります。

memo

コーヒーブレイク　液状化に関する情報提供

　国土交通省は、「住宅性能表示制度」の中で、住宅購入者等に対し、液状化に関する情報提供を行う一定の仕組を整備した。
　　提供情報として
　　　①液状化発生可能性に関する広域的情報
　　　②液状化発生可能性に関する住宅敷地の情報
　　　③液状化対策工法の情報

　また、同省都市局は、新たに宅地造成する場合、液状化対策と検討する際の判定方法として、震度5程度の中地震（M7.5、想定最大加速度200gal）を対象に、地表面の非液状化層の厚さ H_1 と地表変位量 Dcy や液状化指標値 P_L 値の関係から、液状化被害の可能性を判定する方法の案を表している。
　※ Dcy、P_L 値については、「建築基礎構造設計指針」（日本建築学会編）を参照。

コーヒーブレイク　液状化の判定方法

　液状化の判定法には、概略判定法・簡易判定法・詳細判定法・実験的判定法などがあります。概略判定法とは、既資料の微地形・液状化履歴・液状化マップなどを利用することで判定を行う方法です。本文に示した1次判定にあたります。簡易判定法とは、SWS試験やボーリング調査結果などから判定を行う方法です。本文に示した2次判定にあたります。詳細判定法や実験的判定法は、より高度な解析を必要とし、調査費用も高額であることから、住宅を含む小規模建築物には一般にあまり用いられていません。
　現在、液状化判定法の基準として、学会や団体ごとにいくつかの方法が示されています。しかし、それらは統一化された基準になっていません。また、ボーリング調査結果の N 値と細粒分含有率の F_c から評価される強度と、想定した地震動レベルに応じた荷重との比率（液状化安定率 F_L 値）により判断するものが一般的です。しかし、小規模建築物では、過去の中地震動時の液状化被害は地表面から5m程度の深さまでの液状化に起因していること、地盤調査法はSWS試験が基本となりボーリング調査が行われることが稀であることから、建築学会では、微地形による概略判定法とSWS試験による簡易判定法を推奨しています。
　小規模建築物向けの液状化の判定法についてまとめられた資料としては、過去には、国土庁と建設省（当時）監修の「小規模建築物等のための液状化マップと対策工法1994」があった。そこでは、微地形による液状化可能性の程度を示し、SWS試験などによる5m程度までの貫入抵抗・細粒分含有率・地下水位から表層地盤の液状化の可能性を判定していました。現在では、「小規模建築物基礎設計指針2008」（日本建築学会）で小規模建築物用に、判定方法が提案され、微地形による液状化可能性の程度を確認し、SWS試験などによる5m程度までの土質・地下水位から液状化の影響が地表面に及ぶ程度を判定する方法が一般的になっていましたが日本建築学会は、東北地方太平洋沖地震における戸建住宅の液状化被害の状況を考慮し、液状化の検討深度をSWS試験の適用深度10mまでとすることで、検討深度5mに比べて判定制度が向上することを補足として、ホームページで紹介しています。

ひとりでやってみよう3

■ 液状化の判定を行います。

以下の地盤調査結果から、液状化の影響が地表面に及ぶ可能性の判定を行ってみましょう。

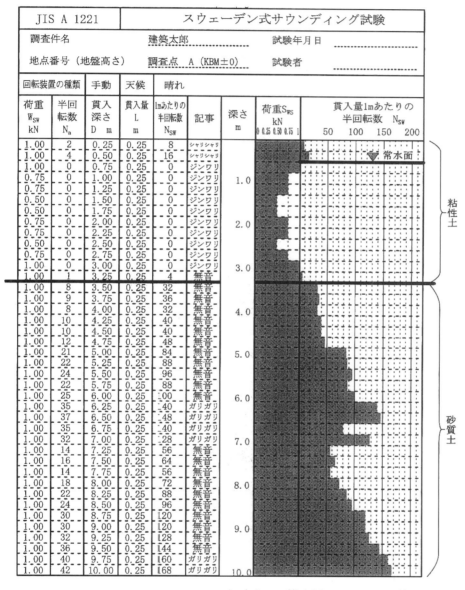

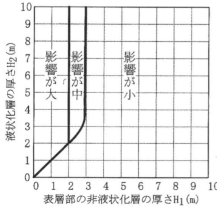

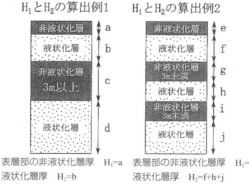

表層部の非液状化層厚 $H_1=a$ 　　表層部の非液状化層厚 $H_1=e$
液状化層厚　$H_2=b$ 　　　　　　液状化層厚　$H_2=f+h+j$

算出例1のように、中間部分に3m以上の非液状化層がある場合、それより下の液状化層厚はH_2に算入しなくてもよい。

SWS試験結果で、GL－⟨19   ⟩mまでの範囲で判定します。

非液状化層の厚さH₁は、粘性土および地下水位以浅の砂質土で、試験結果では⟨20   ⟩mであり、液状化層の厚さH₂は砂質土、かつ、地下水位以深で、試験結果では⟨21   ⟩mです。

下図にプロットして下さい（解答の番号は22です。）。

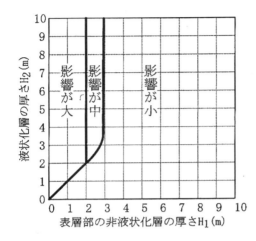

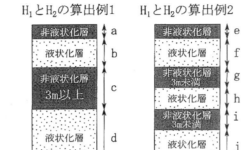

表層部の非液状化層厚　H₁=a　　表層部の非液状化層厚　H₁=e
液状化層厚　H₂=b　　　　　　　液状化層厚　H₂=f+h+j

算出例1のように、中間部分に3m以上の非液状化層がある場合、それより下の液状化層厚はH₂に算入しなくてもよい。

この結果から、液状化による地表面への影響は⟨23   ⟩と判定されました。

＜参考＞地盤補強の方法

　地盤の長期許容応力度が 20kN/m^2 未満であったり、有害な沈下や変形のおそれがある場合などには、地盤補強を行います。地盤補強には以下のような方法があります。

（1）表層地盤改良（浅層混合処理）工法

　軟弱な層が地表面付近にあり、支持力が不足している場合に、基礎直下から 1、2m の厚さで平面状にセメント系の固化剤で地盤改良する工法です。改良部の強度は土質に応じて固化材の配合量で調整します。

（2）柱状地盤改良（深層混合処理）工法

　軟弱な層が厚い場合に、杭状に地盤を改良する工法です。一般的には、セメント系の固化材をスラリー状にして地盤中の土と混合撹拌することで地盤中に築造します。

　改良体の直径は 60cm 程度で、改良体の底部の支持力と改良体の周面摩擦力によって支持力を確保します。

（3）小口径鋼管杭工法

　軟弱な層が厚い場合、軟弱な層の厚さに差がある場合や支持地盤が傾斜している場合に、支持地盤まで小口径の鋼管を打設する工法です。鋼管の直径は 114.3、139.8、165.2mm などで肉厚は 3.2、4.5mm 程度のものが使用されています。先端にスクリュー状の羽根が付いたものもあり、支持力の算定には鋼管の有効断面積のとり方や、支持力係数の採用値など、注意が必要です。

（4）パイルドラフト工法

　通常、杭状地盤補強は先端の支持力と周面摩擦力で支持力を算定しますが、これらの他に基礎底面の接地圧まで見込んで支持力を確保する工法は、パイルドラフト工法と呼ばれています。

セメント系固化材を用いた地盤改良工法の採用にあたっては、「改訂版　建築物のための改良地盤の設計及び品質管理指針」（（一財）日本建築センター）、「建築基礎のための地盤改良設計指針案」（（一社）日本建築学会）、「小規模建築物基礎設計指針」（（一社）日本建築学会）などが参考になります。

　また、地盤補強工法は、日本建築センターなどの技術審査証明を取得している工法の採用をお勧めします。

コーヒーブレイク　　直接基礎と杭基礎

　建築基準法での基礎の仕様は直接基礎（布基礎、べた基礎など）と杭基礎（基礎ぐい）の 2 種類しか規定されていません。小規模建築物の戸建て住宅で使用されている鋼管杭の多くは、杭基礎としてではなく、地盤補強として扱われています。

ひとりでやってみよう4

■ 地盤の長期許容応力度を求めます。

下記のモデル地盤で、木造住宅を建設するための長期許容応力度を検討する。

問題1 以下のSWS試験結果は、ある敷地で実施した5測点のうちの代表データである。このデータに基づく地盤の長期許容応力度を求めよ。ただし、この地域は、資料調査によって、液状化の可能性が小さいと判定され、設計者が、液状化のおそれはないと判断した地盤とする。基礎根入れ深さはGL-0.25mとする。

SWS試験結果

荷重 W_{SW} kN	半回転数 Na	貫入深さ m	貫入量 cm	1m当りの半回転数 N_{SW}	推定柱状図	荷重 W_{SW} kN 0.25	0.50	0.75	貫入量1m当たりの半回転数 N_{SW} 50	100	200	300	地下水位
0.75	1	0.25	25	4	砂								
1.00	1	0.50	25	4	砂								
1.00	1	0.75	25	4	砂								
1.00	6	1.00	25	24	砂								
1.00	6	1.25	25	24	砂								
1.00	6	1.50	25	24	砂								GL-1.50m ▽
1.00	45	1.75	25	180	砂								
1.00	45	2.00	25	180	砂								
1.00	15	2.25	25	60	砂								
1.00	15	2.50	25	60	砂								
1.00	15	2.75	25	60	砂								
1.00	3	3.00	25	12	粘土								
1.00	1	3.25	25	4	粘土								
1.00	1	3.50	25	4	粘土								
1.00	0	3.75	25	0	粘土								
1.00	0	4.00	25	0	粘土								
1.00	0	4.25	25	0	粘土								
1.00	2	4.50	25	8	粘土								
1.00	2	4.75	25	8	粘土								
1.00	2	5.00	25	8	粘土								

地盤の長期許容応力度は、SWS 試験結果による場合は、平 13 国交告第 1113 号第 2（3）
式より計算できます。

$$q_a = 30 + 0.6\,\overline{N_{sw}} \quad (\text{kN/m}^2)$$

基礎下から 2m の範囲の N_{sw} の平均値を求めます。

$$\overline{N_{sw}} = \frac{(\langle^{24}\quad\rangle + \langle^{25}\quad\rangle + \langle^{26}\quad\rangle + \langle^{27}\quad\rangle + \langle^{28}\quad\rangle + \langle^{29}\quad\rangle + \langle^{30}\quad\rangle + \langle^{31}\quad\rangle)}{2.0}$$

$$= \langle^{32}\quad\rangle$$

$$q_a = 30 + 0.6\,\overline{N_{sw}} = 30 + 0.6 \times \langle^{33}\quad\rangle = \langle^{34}\quad\rangle \quad (\text{kN/m}^2)$$

　仮に、この地盤が、地震時に液状化するおそれのある地盤の場合、建築物に有害な
損傷等が発生する可能性があるか否かを、確認する必要があります。場合によっては、
液状化対策を行う必要があります。また、基礎の底部から下方 2m 以内の地盤に SWS
試験の荷重が 1 kN 以下で自沈する層が存在する場合、もしくは、基礎の底部から下
方 2m を越え、5m 以内の地盤に SWS 試験の荷重が 500 N 以下で自沈する層が存在す
る場合は、建築物の自重による沈下その他の地盤の変形等を考慮して建築物または、
建築物の部分に有害な損傷、変形および沈下が生じないことを確かめなければなりま
せん。

　しかし、資料調査の結果から、液状化のおそれはないと判断し、また、SWS 試験
の結果から、上記に該当する自沈層も存在しないことが分かったため、上記の数値が、
当地盤の長期許容応力度となります。

問題2 以下の土質試験結果に基づく地盤の長期許容応力度を求めなさい。なおこの地域は、資料調査より関東ローム主体の地盤であり、液状化に対する被害は少なく、かつ圧密沈下の懸念も少ない地域とする。

土質試験結果
　　試験方法：三軸圧縮試験、物理試験一式
　　試料採取深度：GL－0.6～－1.4m
　　試料材料：砂混じり粘土
　　粘着力 c：20 kN/m²
　　内部摩擦角 ϕ：10度
　　備考：GL0～－3.0 mまで、ほぼ一様な地層とします。
　　　　　地下水位は8m。
　　　　　土の湿潤単位体積重量は、一律 16 kN/m³ とします。

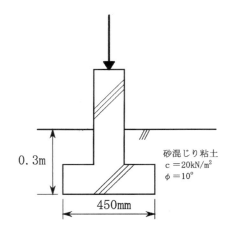

基礎概要
　　基礎形状：連続の布基礎
　　基礎幅 B：450mm
　　基礎根入れ深さ：GL－0.3 m
　　基礎に作用する荷重：鉛直（$\theta=0$ 度）

土質試験結果による場合は、国交告第1113号第2（1）式で求めることができます。

$$q_a = \frac{1}{3}(i_c \cdot \alpha \cdot c \cdot N_c + i_\gamma \cdot \beta \cdot \gamma_1 \cdot B \cdot N_\gamma + i_q \cdot \gamma_2 \cdot D_f \cdot N_q) \quad (kN/m^2)$$

i_c、i_γ、i_q：基礎に作用する荷重の鉛直方向に対する傾斜角に応じて、次式によって計算した数値

$$i_c = i_q = \left(1 - \frac{\theta}{90}\right)^2 = \langle^{35} \quad \rangle$$

$$i_\gamma = \left(1 - \frac{\theta}{\phi}\right)^2 = \langle^{36} \quad \rangle$$

α、β：基礎荷重面の形状に応じて次の表に掲げる係数

係数	基礎荷重面の形状 円形	円形以外の形状	備考
α	1.2	$1.0 + 0.2 \cdot \frac{B}{L}$	B、L：基礎荷重面の短辺または短径および長辺または長径の長さ（m）
β	0.3	$0.5 - 0.2 \cdot \frac{B}{L}$	

上表より、以下のように求めることができる（ただし、基礎荷重面の最大長径の長さ 7m）。

$$\alpha = 1.0 + 0.2 \times \langle ^{37} \qquad \rangle \div \langle ^{38} \qquad \rangle = \langle ^{39} \qquad \rangle$$

$$\beta = 0.5 - 0.2 \times \langle ^{40} \qquad \rangle \div \langle ^{41} \qquad \rangle = \langle ^{42} \qquad \rangle$$

N_c、N_γ、N_q：地盤内部の摩擦角に応じて次の表に掲げる支持力係数

支持力係数	内部摩擦角（φ）									
	0 度	5 度	10 度	15 度	20 度	25 度	28 度	32 度	36 度	40 度以上
N_c	5.1	6.5	8.3	11.0	14.8	20.7	25.8	35.5	50.6	75.3
N_γ	0	0.1	0.4	1.1	2.9	6.8	11.2	22.0	44.4	93.7
N_q	1.0	1.6	2.5	3.9	6.4	10.7	14.7	23.2	37.8	64.2

この表に掲げる内部摩擦角以外の内部摩擦角に応じた N_c、N_γ、N_q は表に掲げる数値をそれぞれ直線的に補間した数値とする。

以上より、

$$q_a = \frac{1}{3}\left(i_c \cdot \alpha \cdot c \cdot N_c + i_\gamma \cdot \beta \cdot \gamma_1 \cdot B \cdot N_\gamma + i_q \cdot \gamma_2 \cdot D_f \cdot N_q\right)$$

$$= \frac{\langle ^{43} \qquad\qquad\qquad\qquad\qquad\qquad\qquad \rangle}{3}$$

$$= \langle ^{44} \qquad \rangle \ (kN/m^2)$$

6. 基礎の設計に用いる構造力学の基礎

基礎の設計に用いる外力には、「長期荷重時の鉛直方向力」と、「地震時など水平荷重の発生に伴って生じる鉛直方向力」があります。また、基礎を構成する部材には基礎底盤と基礎梁があり、外力に対して基礎を構成する部材の安全性を確認する必要があります。

以下に、構造力学の初歩的な内容の紹介と基礎の構造設計に必要な内容を示します。
なお、構造設計等の実務を行っている方などで、構造力学を理解している方は、
「6.4 基礎の構造」に進んで下さい。

6.1 応力と変形

鉛直方向の荷重に対する部材の変形や、そのときに生じる応力について基本的な例を示します。

部材に外力が働くときに、引張側が凸状になるように変形をします。図 6.1 は 1 本の木製の梁材に上部方向から外力がかかるときの変形の様子を示しています。

このように、梁の下側が凸状に変形し、割裂等が発生します。このとき、下側には引張応力が生じます。また、梁の上側は凹状に変形し、圧縮応力が生じます。

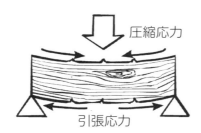

図 6.1 応力と変形

この時に部材に生じる応力状態を図 6.2 に示します。
中立軸を境に上側は圧縮応力、下側は引張応力で最大値は表面に生じています。また、それぞれの合力は応力の中心位置（中立軸より 2/3 の位置）に生じています。

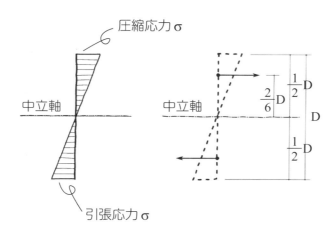

図 6.2 部材の応力

6.2　梁の応力算定
6.2.1　単純梁の曲げモーメント

部材には、外力によって曲げモーメントとせん断力および軸力が生じます。梁材に外力が働くときの曲げモーメントを下図に示します。

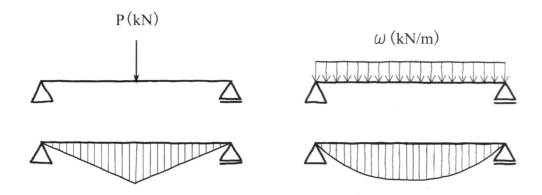

図6.3　集中荷重による曲げモーメント　　図6.4　等分布荷重による曲げモーメント

図6.3は単純梁の中央に集中荷重が加わるときの曲げモーメントを、図6.4は単純梁に等分布が加わるときの曲げモーメントを表しています。

6.2.2　等分布荷重の梁が連続するときの長期曲げモーメント

図6.5は連続した梁に等分布の荷重がかかるときの曲げモーメントを示しています。ただし、この図では、梁の連続性と外端部の直交梁のねじれ抵抗による固定度を考慮し、梁の外端部にモーメントが生じたものとしています[1]。

実際の建物の梁あるいは基礎梁などの曲げモーメントは、この図のような応力状態になると考えられます。

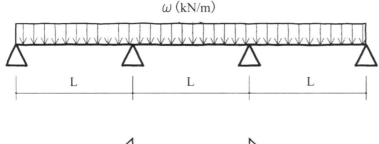

図6.5　連続梁の荷重と応力状態[2]

1) 純粋に力学的な応力状態は以下のようになります。本文中の図は、直交する基礎梁を想定して図示したものです。

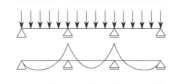

2) 支点間のスパンの間隔の違いあるいは荷重の大きさの違いにより固定端モーメントが大きく異なる場合や、連続する梁が無い梁の端部（最外端）は、直交する梁のねじれ剛性により梁の応力が決定されます。本来であれば、各支点に直交する梁のねじれ剛性を支点回転バネとして評価し解析をするべきところですが、ここでは略算の値として、直交する梁のねじれ剛性を考慮し最外端の曲げモーメントを0.6Cとしています。（「(一社)日本建築学会　鉄筋コンクリート構造設計基準・同解説」p.87参照）

図6.5のように等分布荷重がかかる梁が連続するときの曲げモーメントは、それぞれのスパンの梁に生じる両端が固定のときの端部の固定端モーメントCと、単純梁のときの中央の最大曲げモーメントM_0で表すことができます。

固定端モーメントCと中央の最大曲げモーメントM_0は、以下のようにして求めます。

(1) 材端を固定としたときの端部の固定端モーメントC

$$C = \frac{1}{12} \times w \times L^2$$

図6.6　等分布荷重の固定端モーメント

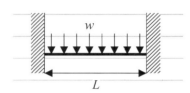

(2) 単純梁とした時の中央部最大曲げモーメントM_0

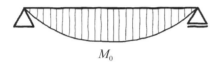

$$M_0 = \frac{1}{8} \times w \times L^2$$

図6.7　等分布荷重の中央部最大曲げモーメント

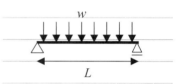

これらを用いて、梁が連続するときの曲げモーメント図（3スパン以上のとき）を表すと、図6.8のようになります。

6.2.3　等分布荷重の梁が連続するときのせん断力

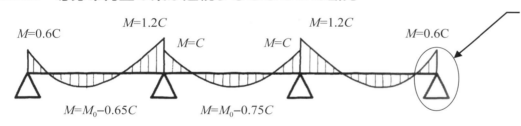

図6.8　連続梁の曲げモーメント図

梁の外端部の曲げモーメント

外端部の曲げモーメントは図6.6にあるような完全固定状態のときのCになります。しかし、一般的に梁の外端部には直交する梁があり、完全固定ではありません。そのため、直交する梁のねじれ抵抗分を固定度として0.6Cとしています。

「単純梁のときの梁端部のせん断力」は図6.9で求めることができます。

連続した梁に等分布の荷重がかかるとき、両端部のモーメントが異なる梁が存在します。この梁の両端部に生じるせん断力は、「単純梁のときの梁端部のせん断力」と、「梁端部のモーメント」から求めることができます。

$$Q_0 = \frac{1}{2} \times w \times L$$

図6.9　単純梁の等分布荷重時の端部せん断力

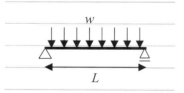

梁の左・右端部で曲げモーメントが異なるときのせん断力は、図6.9と左・右端部の曲げモーメントにより、次の要領で算出します。

$$Q_1 = Q_0 - \frac{M_{C2} - M_{C1}}{L}$$

$$Q_2 = Q_0 + \frac{M_{C2} - M_{C1}}{L}$$

連続する梁の固定度による曲げモーメントが移行することによって図6.11のようにせん断力の増減が生じます。

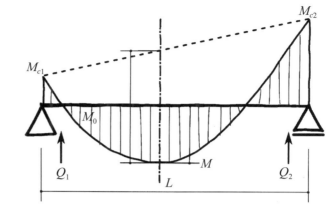

図6.10 曲げモーメントによるせん断力図

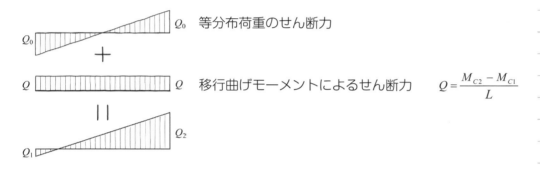

図6.11 せん断力の分解

6.2.4 短期荷重時応力

梁には長期荷重と地震荷重による応力が生じます。長期荷重による応力に地震荷重による応力を加えたものを「短期荷重時応力」とよび、以下のような考え方で応力を算定します。

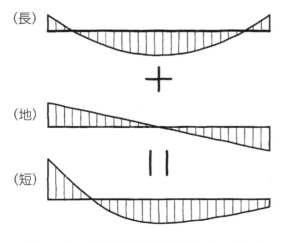

図6.12 梁の短期荷重時曲げモーメント

① 短期荷重時曲げモーメント

$$M_{短} = M_{長} + M_{地}$$

② せん断力

$$Q_{短} = Q_{長} + 1.5 \times Q_{地}$$

1.5: せん断増加係数（1.0～1.5）

ここで、地震時の応力は左右が逆転する[1]ことを考慮して、曲げモーメントは両端ならびに中央部の応力を算定する必要があります。

なお、せん断増加係数1.5は、大地震動に対し梁のせん断破壊を防止するための割増し係数です。

6.3 梁の断面算定

部材に生じた曲げモーメントならびにせん断力に対し、部材の断面は構造的に安全でなくてはなりません。

例えば、コンクリート造の梁部材に荷重がかかると、図6.13のように引張側に亀裂が生じることになります。

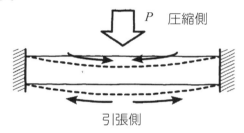

図6.13　梁の変形図

6.1節にて、梁部材に生じた曲げモーメントによって部材断面の中立軸より上側には圧縮応力が、下側には引張応力が生じます。鉄筋コンクリート構造の梁の場合、コンクリートは圧縮に強く引張に弱いことから、圧縮応力をコンクートに負担させ、引張応力を鉄筋に負担するように引張側に鉄筋を配置します。

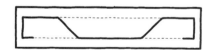

図6.14　主筋の配筋要領

図6.13の中央部の断面は下側が引張側になるので、図6.14のように下側の主筋が上側の主筋より多く配置される事となります。

このとき、圧縮側のコンクリートと引張側の鉄筋の応力を示すと、中立軸を境に図6.15のようになります。

---

[1] 地震荷重は建物に対し水平方向に左右から生じます。したがって地震時の梁に生じる曲げモーメントは、両方向からの地震荷重を想定し逆転することになります。

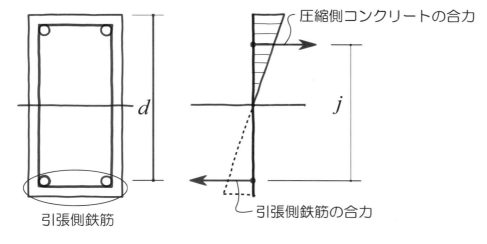

図 6.15 断面と応力

　引張側鉄筋の合力は鉄筋の中心に生じます。このときの圧縮側の合力位置と引張鉄筋の合力位置の距離を j とするとき、曲げモーメントと鉄筋の引張応力度の関係は以下の式で表されます。

$$M_a = a_t \cdot f_t \cdot j$$

M_a：梁の許容曲げモーメント（N・mm）

a_t：引張側主筋の断面積（mm²）

f_t：主筋の許容引張応力度（N/mm²）

j：応力中心間距離　$j = \dfrac{7}{8} \times d$ （mm）

　　d：主筋の中心から圧縮側最外縁までの距離（mm）

6.4 基礎の構造

基礎への外力もこれまでの説明と同様に長期荷重と地震力などの水平荷重がかかります。ただし、これまでの説明と異なるのは、『基礎への長期荷重時の外力は地盤からの上向きの力（地反力）である』ということです。

例えば長期荷重時において基礎梁に生じる変形や応力は、図 6.16 のようにこれまでの説明とは逆向きになります。したがって、鉄筋の配置も応力に応じて図 6.17 のようになります。

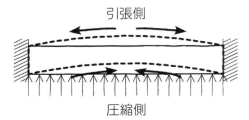

図 6.16　地反力による梁の変形

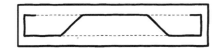

図 6.17　梁の主筋の配筋要領

6.4.1 べた基礎底盤の応力

図 6.18 はべた基礎の場合の基礎底盤への地反力により底盤の中央部に生じる曲げ応力を示したものです。地反力は上向きの力なので、端部は底盤の下側に、中央部は底盤の上側に曲げモーメントが生じます。

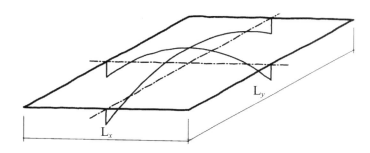

図 6.18　べた基礎底盤の地反力による曲げモーメント図

べた基礎底盤が長方形の場合、短辺を L_x、長辺を L_y としたとき、それぞれの方向の曲げモーメントを示すと図 6.19 のようになります。

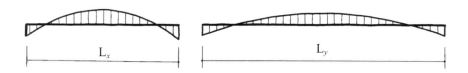

図 6.19　短辺方向中央部、長辺方向中央部の曲げモーメント

6.4.2　布基礎底盤の応力

布基礎は図 6.20 のような逆 T 型の基礎形状をしています。建物の荷重による地反力により、基礎梁部分から突出した底盤部分に曲げモーメントが生じます。
このときの地反力による荷重分布ならびにモデル化は図 6.20 の右側のようになり、それに応じて曲げモーメントは図 6.21 になります。

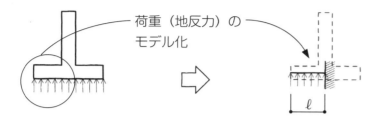

図 6.20　布基礎の地反力分布図とモデル化

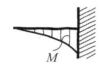

図 6.21　布基礎底盤の曲げモーメント図

ポイント　杭状地盤補強のときの基礎梁の設計

軟弱地盤に戸建住宅を建築する際、杭状地盤補強を行う場合、布基礎と杭状地盤補強体の組み合わせで構成します。

このとき、基礎自重を含む建物荷重は杭状地盤補強体が負担し、布基礎底盤には地反力は生じないという考え方が一般的です。

6.4.1、6.4.2 で説明した応力は、上向きの地反力により生じることを前提にしてきましたが、杭状地盤補強の場合の基礎の検討では基礎自重を含む下向きの荷重のモデルで考えることになります。

したがって、荷重分布ならびに応力分布は図 6.22 のようになります。この場合の支点が杭状地盤補強体の配置位置に該当し、スパンは杭状地盤補強体の配置間隔になります。

荷重は基礎自重を含む建物荷重になることに注意し、応力算定、断面算定については上から下向きに力が加わるものとして進める事になります。

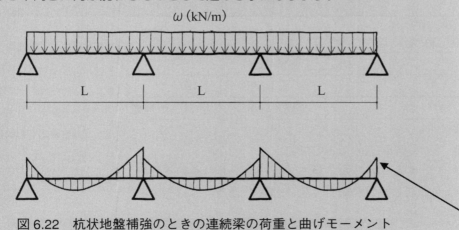

図 6.22　杭状地盤補強のときの連続梁の荷重と曲げモーメント

支点は柱状地盤補強体の位置

杭状地盤補強

杭状地盤補強には、以下のような種類があります。
① セメント系固化材を用いる深層混合処理（柱状改良）工法
② 小口径鋼管杭
③ 小口径 RC 杭
④ 木杭　　　　　等

7. 建築基準法における基礎の仕様規定

建築基準法では、基礎の仕様に関して、平 12 建告第 1347 号で規定しています。以下に抜粋を示します。許容応力度計算によって基礎の算定をしなくても、仕様規定に従っていれば、基準法上の問題はありません。

また、許容応力度計算によって基礎の算定を行う場合であっても、平 12 建告 1347 号の仕様規定を満足することが望ましい[1]。

7.1 基礎の種類

平 12 建告第 1347 号（抜粋）※改正　令 4 国交告第 592 号
「建築物の基礎の構造方法及び構造計算の基準を定める件」
第 1　建築基準法施行令（以下「令」という。）第 38 条第 3 項に規定する建築物の基礎の構造は、次の各号のいずれかに該当する場合を除き、地盤の長期に生ずる力に対する許容応力度（改良された地盤にあっては、改良後の許容応力度とする。以下同じ。）が 1m² につき 20kN 未満の場合にあっては基礎ぐいを用いた構造と、1m² につき 20kN 以上 30kN 未満の場合にあっては基礎ぐいを用いた構造又はべた基礎と、1m² につき 30kN 以上の場合にあっては基礎ぐいを用いた構造、べた基礎又は布基礎としなければならない。
　　一　次のイ又はロに掲げる建築物に用いる基礎である場合
　　　イ　木造の建築物のうち、茶室、あずまやその他これらに類するもの
　　　ロ　延べ面積が 10m² 以内の物置、納屋その他これらに類するもの
　　二　地盤の長期に生ずる力に対する許容応力度が 1m² につき 70kN 以上の場合であって、木造建築物又は木造と組積造その他の構造とを併用する建築物の木造の構造部分のうち、令第 42 条第 1 項ただし書の規定により土台を設けないものに用いる基礎である場合
　　三　門、塀その他これらに類するものの基礎である場合
　　四　建築基準法（昭和 25 年法律第 201 号）第 85 条第 2 項、第 6 項又は第 7 項に規定する仮設建築物（同法第 6 条第 1 項第二号及び第三号に掲げる建築物を除く。）に用いる基礎である場合

この内容をまとめると、表 7.1 のようになります。

表 7.1　基礎の種類

地盤の長期に生ずる力に対する許容応力度（改良された地盤においては地盤改良後の応力とする。）	基礎の構造
20kN/m² 未満	基礎ぐい
20kN/m² 以上 30kN/m² 未満	基礎ぐい、べた基礎
30kN/m² 以上	基礎ぐい、べた基礎、布基礎

適用範囲は下記を除く
　（1）木造の茶室、あずまや、延べ面積 10m² 以内の建物。
　（2）地盤の長期に生ずる力に対する許容応力度が 70kN/m² 以上の場合の木造建築物等で、施行令第 42 条ただし書き[1] の規定により土台を設けないものに用いる基礎。
　（3）門、塀等の基礎。
　（4）仮設建築物の基礎。

---

memo

1) 平 12 建告第 1347 号第 2 の構造計算を行うことによって、同号第 1 の仕様規定の適用を除外することができますが、基礎躯体の施工精度、品質の確保、あるいは、外力を受けた時の構造性能を発揮するための断面形状の保持を考慮すると、同号第 1 の仕様規定を順守することが望ましいと考えます。

1) 当該柱を基礎に緊結した場合または平屋建ての建築物で足固めを使用した場合（地盤が軟弱な区域として特定行政庁が国土交通大臣の定める基準に基づいて規則で指定する区域内においては、当該柱を基礎に緊結した場合に限る。）においては、この限りでない。

7.2　基礎の仕様

7.2.1　基礎ぐい

平 12 建告第 1347 号（抜粋）※改正　令 4 国交告第 592 号
「建築物の基礎の構造方法及び構造計算の基準を定める件」

第 1

2　建築物の基礎を基礎ぐいを用いた構造とする場合にあっては、次に定めるところによらなければならない。

一　基礎ぐいは、構造耐力上安全に基礎ぐいの上部を支えるよう配置すること。

二　木造の建築物若しくは木造と組積造その他の構造とを併用する建築物の木造の構造部分（平家建ての建築物で延べ面積が 50m^2 以下のものを除く。）の土台の下又は組積造の壁若しくは補強コンクリートブロック造の耐力壁の下にあっては、一体の鉄筋コンクリート造（2 以上の部材を組み合わせたもので、部材相互を緊結したものを含む。以下同じ。）の基礎ばりを設けること。

三　基礎ぐいの構造は、次に定めるところによるか、又はこれらと同等以上の支持力を有するものとすること。

イ　場所打ちコンクリートぐいとする場合にあっては、次に定める構造とすること。

（1）主筋として異形鉄筋を 6 本以上用い、かつ、帯筋と緊結したもの

（2）主筋の断面積の合計のくい断面積に対する割合を 0.4% 以上としたもの

ロ　高強度プレストレストコンクリートぐいとする場合にあっては、日本産業規格 A5337（プレテンション方式遠心力高強度プレストレストコンクリートくい）-1995 に適合するものとすること。

ハ　遠心力鉄筋コンクリートぐいとする場合にあっては、日本産業規格 A5310（遠心力鉄筋コンクリートくい）-1995 に適合するものとすること。

ニ　鋼管ぐいとする場合にあっては、くいの肉厚は 6mm 以上とし、かつ、くいの直径の 1/100 以上とすること。

この内容をまとめると以下のようになります。

①　上部構造を安全に支えることができるように、基礎ぐいの配置を決めること。

②　木造等（平屋建てで延べ面積が 50m^2 以下を除く）で土台の下には一体の鉄筋コンクリート造の基礎ばつを設置すること。

③　基礎ぐいの構造は、表 7.2 のようになります。

表 7.2　基礎ぐいの構造

基礎ぐいの構造	仕様
場所打ちコンクリートぐい	主筋には異形鉄筋 6 本以上かつ帯筋と緊結 主筋の鉄筋比 0.4% 以上
高強度プレストレストコンクリートぐい	日本産業規格 A5337-1995 に適合するもの
遠心力鉄筋コンクリートぐい	日本産業規格 A5310-1995 に適合するもの
鋼管ぐい	くいの肉厚 6mm 以上　かつ くいの直径の 1/100 以上

7.2.2　べた基礎

平 12 建告第 1347 号（抜粋）
「建築物の基礎の構造方法及び構造計算の基準を定める件」
第 1
3　建築物の基礎をべた基礎とする場合にあっては、次に定めるところによらなければならない。
　一　一体の鉄筋コンクリート造とすること。ただし、地盤の長期に生ずる力に対する許容応力度が 1 m² につき 70 kN 以上であって、かつ、密実な砂質地盤その他著しい不同沈下等の生ずるおそれのない地盤にあり、基礎に損傷を生ずるおそれのない場合にあっては、無筋コンクリート造とすることができる。
　二　木造の建築物若しくは木造と組積造その他の構造とを併用する建築物の木造の土台の下又は組積造の壁若しくは補強コンクリートブロック造の耐力壁の下にあっては、連続した立上り部分を設けるものとすること。
　三　立上り部分の高さは地上部分で 30cm 以上と、立上り部分の厚さは 12cm 以上と、基礎の底盤の厚さは 12cm 以上とすること。
　四　根入れの深さは、基礎の底部を雨水等の影響を受けるおそれのない密実で良好な地盤に達したものとした場合を除き、12cm 以上とし、かつ、凍結深度よりも深いものとすることその他凍上を防止するための有効な措置を講ずること。
　五　鉄筋コンクリート造とする場合には、次に掲げる基準に適合したものであること。
　　イ　立上り部分の主筋として径 12mm 以上の異形鉄筋を、立上り部分の上端及び立上り部分の下部の底盤にそれぞれ 1 本以上配置し、かつ、補強筋と緊結したものとすること。
　　ロ　立上り部分の補強筋として径 9mm 以上の鉄筋を 30cm 以下の間隔で縦に配置したものとすること。
　　ハ　底盤の補強筋として径 9mm 以上の鉄筋を縦横に 30cm 以下の間隔で配置したものとすること。
　　ニ　換気口を設ける場合は、その周辺に径 9 mm 以上の補強筋を配置すること。

この内容をまとめると以下のようになります。

① 一体の鉄筋コンクリート造（地盤の長期に生ずる力に対する許容応力度が 70kN/m² 以上かつ密実な砂質地盤その他著しい不同沈下を生ずるおそれのない地盤にあり、基礎に損傷を生ずるおそれのない場合にあっては無筋コンクリート造とすることができる。）とする。
② 木造等の建築物の土台の下には連続した立ち上がり部分を設ける。
③ 立ち上がり部分の高さは地上部分で 30cm 以上、立ち上がり部分の厚さは 12cm 以上、底盤の厚さは 12cm 以上とする。
④ 根入れ深さは 12cm 以上かつ凍結深度以下（基礎の底部が密実で良好な地盤に達して雨水等の影響を受けるおそれのない場合を除く。）とする。
⑤ 表 7.3 に示す基準に適合すること。

表 7.3　べた基礎の各部分の基準

立ち上がり部の主筋	径 12mm 以上の異形鉄筋を立ち上がりの上下端に 1 本以上設置。補強筋と緊結
立ち上がり部の補強筋	径 9mm 以上の鉄筋を間隔 30cm 以下で縦に設置
底盤補強筋	径 9mm 以上の鉄筋を間隔 30cm 以下で縦横に設置
換気口	周辺を径 9mm 以上の鉄筋で補強

べた基礎の概念図を、図 7.1 に示します。

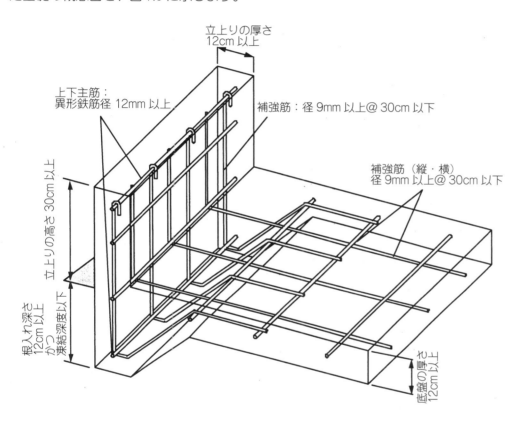

図 7.1　べた基礎概念図

7.2.3 布基礎

memo

平 12 建告第 1347 号（抜粋）
「建築物の基礎の構造方法及び構造計算の基準を定める件」
第 1
4　建築物の基礎を布基礎とする場合にあっては、次に定めるところによらなければならない。
　一　前項各号（第五号ハを除く。）の規定によること。ただし、根入れの深さにあっては 24cm 以上と、底盤の厚さにあっては 15cm 以上としなければならない。
　二　底盤の幅は、地盤の長期に生ずる力に対する許容応力度及び建築物の種類に応じて、次の表に定める数値以上の数値とすること。ただし、基礎ぐいを用いた構造とする場合にあっては、この限りでない。

底盤の幅 （単位　cm） 地盤の長期に生ずる力に 対する許容応力度 （単位　kN/m²）	建築物の種類		
	木造又は鉄骨造その他これに類する重量の小さな建築物		その他の建築物
	平家建て	2 階建て	
30 以上 50 未満の場合	30	45	60
50 以上 70 未満の場合	24	36	45
70 以上の場合	18	24	30

　三　鉄筋コンクリート造とする場合にあって、前号の規定による底盤の幅が 24cm を超えるものとした場合には、底盤に補強筋として径 9mm 以上の鉄筋を 30cm 以下の間隔で配置し、底盤の両端部に配置した径 9mm 以上の鉄筋と緊結すること。

この内容をまとめると以下のようになります。

① 一体の鉄筋コンクリート造（地盤の長期に生ずる力に対する許容応力度が 70kN/m² 以上かつ密実な砂質地盤その他著しい不同沈下を生ずるおそれのない地盤にあり、基礎に損傷を生ずるおそれのない場合にあっては無筋コンクリート造とすることができる。）とする。

② 木造等の建築物の土台の下には連続した立ち上がり部分を設ける。

③ 立ち上がり部分の高さは地上部分で 30cm 以上、立ち上がり部分の厚さは 12cm 以上、底盤の厚さは 15cm 以上とする。

④ 底盤の幅は、地盤の長期許容応力度、建築物の種類に応じて、表 7.4 の数値以上の値とする（基礎ぐいを用いる場合は、この表 7.4 によらなくても良い。）。

基礎ぐいを用いる場合の底盤幅の考え方

基礎杭を用いる場合は基礎を含む建物の荷重を杭で負担します。したがって、表 7.4 にある数値にはよらなくともよいことになります。

この時、基礎の役割は建物からの荷重を安全に杭に伝達することです。

表7.4　底盤の幅（基礎ぐいを用いる場合以外）（単位 cm）

地盤の長期許容応力度	建築物の種類		
^	木造等		その他の建築物
^	平屋建て	2階建て	^
30kN/m² 以上 50kN/m² 未満	30	45	60
50kN/m² 以上 70kN/m² 未満	24	36	45
70kN/m² 以上	18	24	30

⑤　根入れ深さは24cm以上かつ凍結深度以下（基礎の底部が密実で良好な地盤に達して雨水等の影響を受けるおそれのない場合を除く）とする。

⑥　底盤の幅が24cmを超える場合は底盤に径9mm以上の補強筋を30cm以下の間隔で配置し、底盤両端部の鉄筋と緊結する。

⑦　表7.5に示す基準に適合すること。

表7.5　布基礎の各部分の基準

立ち上がり部の主筋	径12mm以上の異形鉄筋を立ち上がりの上下端に1本以上設置。補強筋と緊結
立ち上がり部の補強筋	径9mm以上の鉄筋を間隔30cm以下で縦に設置
換気口	周辺を径9mm以上の鉄筋で補強

布基礎の概念図を、図7.2に示します。

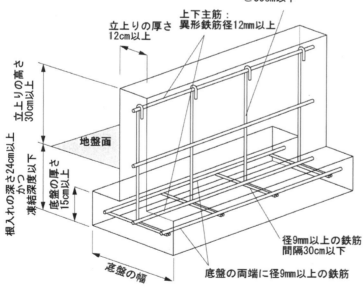

図7.2　布基礎概念図

8. 荷重の伝達

上部構造の荷重が、地盤に伝達される際に生じる力や応力について説明します。

> (1) 基礎は建物荷重を地盤へ伝達する役割があります
> (2) 建物荷重は、基礎に伝わり、基礎底盤から地盤へ伝達されます。
> (3) 地盤の長期許容応力度が接地圧以上であれば、建物を安全に支持することができます。
> (4) 地盤からの反力として、基礎底盤へ上向きの地反力が生じます
> (5) 建物荷重の伝達ならびに地反力による基礎底盤の変形等を抑制するために、基礎梁を設けます

　基礎の設計は、建物荷重から算定される基礎底盤の接地圧と地盤の許容応力度により基礎の構造形式を決定し、その結果をもとに基礎の各部位の設計を進めることになります。

　なお、「地盤の長期許容応力度」という用語は平 12 建告第 1347 号により規定されたものですが、これに対し、（一社）日本建築学会「小規模建築物基礎設計指針」では「地盤の長期許容支持力度」として用いられています。また告示改正以前には「地盤の地耐力」などの表現が用いられていました。

　以下に、荷重の流れと基礎に生じる応力について説明します。

(1) 基礎の役割

　基礎は、建物荷重を地盤へ伝達し、建物を安全に支持する役割を担っています。許容応力度によって基礎の強度を検討する以外にも、基礎の設置の状況、根入れの深さなどにも気を配る必要があります。基礎の根入れ深さを決めるにあたっては、以下の点に気をつけて下さい。

　①良好な地盤に支持させること
　②凍結深度以深とすること
　③周辺の掘削や雨水の洗掘による影響を考慮すること

(2) 建物荷重の伝達と接地圧

　建物荷重および地震荷重などは、基礎を介し、地盤へ伝達されます。基礎の底盤には、長期的には建物荷重と基礎自重および基礎底盤上の土重量等の合計の荷重が、短期的には、長期荷重に地震荷重などを加えた荷重が下向きにかかります。この荷重を基礎底盤の面積で除したものを「接地圧（せっちあつ）」とよびます。また、基礎底盤には地盤からの反力が生じ、これを「地反力（ちはんりょく）」とよびます。[1]

(3) 接地圧と地盤の許容応力度

　建物を安全に支えるためには、接地圧が、地盤の長期許容応力度以下でなければなりません。つまり、

　　　接地圧 = 地反力　≦　地盤の長期許容応力度

でなければなりません。

memo

[1] 「作用・反作用の法則」により「接地圧」と「地反力」は絶対値が同じで、向きが逆方向ということになります。

また、一般的に、地盤の長期許容応力度に従って、選択できる基礎形状が限定されています。
① 地盤の長期許容応力度が 30kN/m² 以上の良好な地盤の場合
布基礎を選択することができます。布基礎とは、図 8.1 のように、逆 T 型の基礎形状で、建物荷重を基礎の通りごとに支える考え方です。

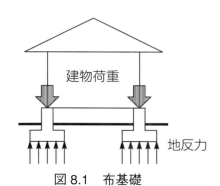

図 8.1　布基礎

② 地盤の長期許容応力度が 20kN/m² 以上の場合
べた基礎を選択することができます。べた基礎とは図 8.2 のように、建物の全体の荷重を基礎底盤の全体で支える考え方です。底盤が地反力により変形しようとするときに、周囲の基礎梁を含む基礎全体で抑制します。

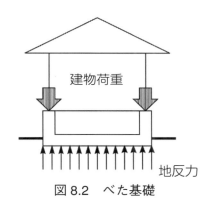

図 8.2　べた基礎

③ 地盤の長期許容応力度が 20kN/m² 未満の場合
基礎ぐいを用いるか、地盤を改良しなければなりません。

(4)　基礎に生じる応力
　基礎に生じる上向きの力（地反力）により、基礎底盤ならびに基礎梁が変形しようとし、その結果、曲げ応力、せん断応力が発生します。基礎底盤、基礎梁に生じる応力を求め、断面算定をします。[1]

(5)　基礎梁の役割
　基礎梁は、地反力による基礎底盤の変形の抑制や地震時の耐震性能を確保する役割があります。なお、許容応力度計算により設計する際は、基礎底盤と基礎梁の両方の確認を行います。

1) 部材の断面算定とは
　部材に生じる応力（曲げモーメントならびにせん断力）に対し、必要なコンクリート断面寸法および内包される鉄筋量（主筋ならびにせん断補強筋）を求めます。

9. 許容応力度計算による基礎の設計

基礎の構造設計は、次の内容に沿って行います。
（1） 鉄筋コンクリート造として許容応力度計算を行います。設計応力は長期荷重時応力と地震荷重時応力など水平荷重時応力を加味した短期荷重時応力となります。
（2） 設計は（一社）日本建築学会の「鉄筋コンクリート構造設計規準」にもとづいて行います。また、（一社）日本建築学会の「小規模建築物基礎設計指針」も参照します。

基礎の役割は、長期荷重時における鉛直方向力と地震時等における水平方向力により生じる付加軸力などに対して、荷重を地盤へ伝達し建物を安全に支持することです。

基礎の最低限の断面や配筋は、平12建告第1347号の仕様規定で定められていますが、近年の傾向として、木造住宅の耐力壁の強度が大きくなり、壁量計算の壁倍率の合計限度一杯（5倍）に設定するケースが増えてきています。また、同時に設計の自由度が大きくなり、大空間の実現も可能になってきています。このようなことを踏まえると、住宅の基礎の構造安全性は、第7章で解説した平12建告第1347号の仕様規定によるものよりも、むしろ許容応力度設計による確認を行う方が妥当と考えられます。

一方、建物を許容応力度計算する場合には、壁倍率換算で7倍までが認められている[1]ことから、そうした強度の大きな耐力壁を用いる場合には、地震力など水平荷重による応力が集中することを考慮し、基礎の構造安全性を確認することも必要となります。

ただし、地震力による水平荷重時の応力を算定するとき、木造建物の場合は部材（柱）の数が多いため、水平力の加力方向によって引抜きや圧縮の条件が変わるので、計算は複雑になります。また、基礎の立上り部に人通口などによる欠き込みがある場合、補強方法を検討する必要があります。

基礎の設計を行うためには、上部構造の、各柱脚位置での圧縮・引抜き力を算出する必要があります。それらの条件を用いて基礎に生じる応力を算定し、基礎断面を検討します。基礎の断面算定は、（一社）日本建築学会の「鉄筋コンクリート構造設計規準」、「小規模建築物基礎設計指針」を参考として行います。

なお、布基礎ならびにべた基礎の設計における接地圧の算出と基礎底盤の設計については、長期荷重時ならびに地震時などの水平荷重時を考慮した短期荷重時の応力による検討も必要となります。この本では主に長期荷重時について解説していますが、短期荷重時については接地圧の算定等の解説をしています。

memo

1) 施行令46条の仕様規定により、壁倍率は5倍までが上限です。
　一方、許容応力度計算を行う場合の壁の許容せん断耐力の上限は、原則的に7倍相当までとされています。

10. べた基礎の設計

10.1 べた基礎の設計フロー

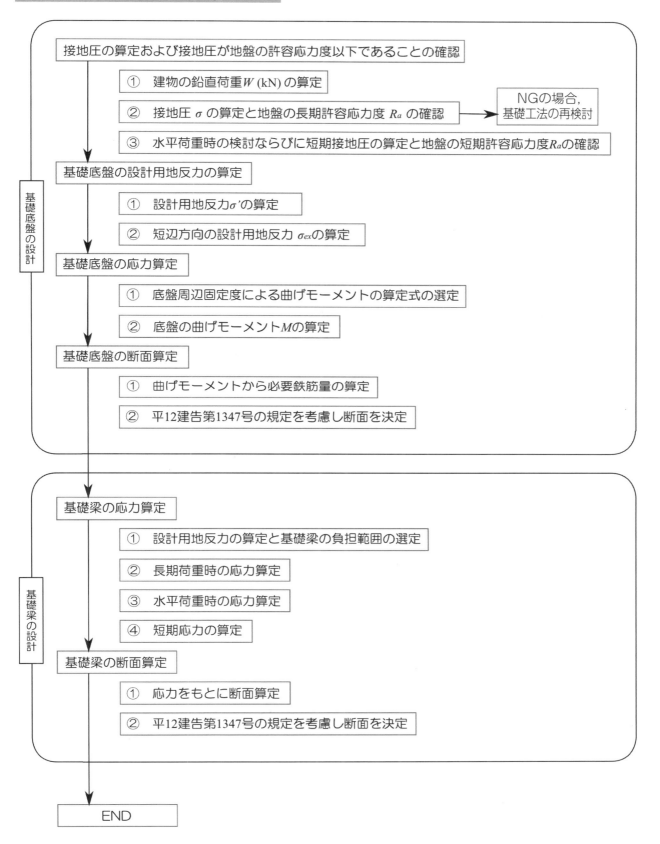

図 10.1　べた基礎設計フロー

10.2 基礎底盤の設計

べた基礎は、基礎自重を含む建物全体の荷重を基礎底盤全体で支えます。

このとき、基礎底盤には均等に地反力が生じ、そのことにより底盤は凸状に変形しようとします。その基礎底盤の変形を抑制し、建物を安全に支えることができるように基礎底盤の周囲には基礎梁（べた基礎の場合は、「基礎立ち上がり」と呼ぶこともあります）を配置するようにします。

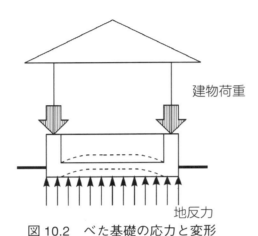

図10.2　べた基礎の応力と変形

10.2.1 接地圧の算定と接地圧が地盤の長期許容応力度以下であることの確認

(1) 建物の鉛直荷重 W（kN）の算定をします。
(2) 接地圧の算定と地盤の長期許容応力度 R_a 以下であることの確認をします。

(1) 建物の鉛直荷重 W（kN）の算定

　基礎の接地圧の検討と基礎の設計用地反力を求めるため、建物荷重を算定します。

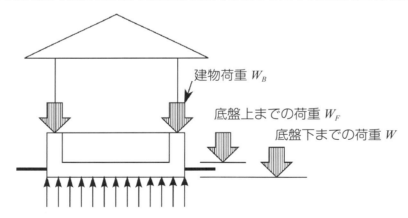

図10.3　べた基礎の荷重概要

W_B ：建物の柱脚までの荷重
W_F ：W_B に底盤から上の基礎梁部分の荷重を加えたもの
W 　：W_F に基礎底盤の自重と1階床設計荷重（固定荷重＋積載荷重）を加えたもの

（2） 接地圧の算定および接地圧が地盤の長期許容応力度 R_a 以下であることの確認

基礎底盤の接地圧の算定を行い、地盤の長期許容応力度 R_a 以下であることを確認します。

べた基礎の場合、底盤の応力算定は、基礎梁で囲まれた部分ごとに行います。しかし、接地圧の算定は、部分ごとではなく、基礎底面全体で行います。接地圧は、基礎底盤全体の面積 A（m^2）と基礎自重を含む建物荷重 W（kN）から、次の式で求めます。

なお、このときの接地圧に対する反力が地盤からの地反力となります。

$$接地圧 \ \sigma = \frac{W}{A} \ (kN/m^2) = 地反力 \ \sigma \ (kN/m^2)$$

σ：接地圧 = 地反力　（kN/m^2）
A：基礎底盤全体の面積　（m^2）

接地圧は地盤の長期許容応力度 R_a よりも小さい必要があります。
$$\sigma \leq R_a \ (kN/m^2)$$

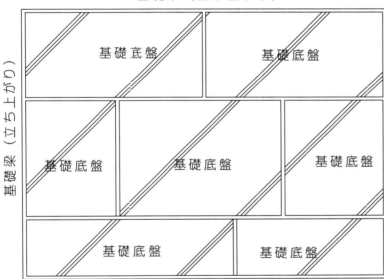

図 10.4　べた基礎の平面

(3) 短期荷重時の基礎底盤の設計

　水平荷重による転倒モーメントによって生じる接地圧と長期荷重時の接地圧を考慮し、短期荷重時における基礎底盤の設計を行います。算定に用いる建物は「ひとりでやってみよう 5」の設計例を用います。

　水平力は地震力と風圧力を想定し検討を進めます。基礎の形状に応じて以下の内容を検討します。

　　・建物の転倒モーメントを算定します
　　・偏心距離を考慮した最大接地圧を算定します
　　・最大接地圧が地盤の短期許容応力度以下であることを確認します

　べた基礎において、水平荷重時の接地圧の検討は、建物の転倒モーメントによる接地圧が地盤の短期許容応力度以下になることを確認します。

① 建物概要

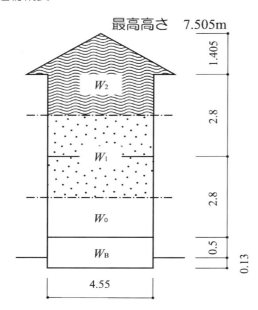

最高高さ : 7.505m
小屋組高さ : H_R=1.405m
2階階高 : H_2=2.8m
1階階高 : H_1=2.8m
GLから土台天端 : H_0=0.5m
基礎の根入れ深さ : D_f=0.13m

memo

　短期荷重時の基礎底盤の設計については、以下の書籍も参考になります。
(公財) 日本住宅・木材技術センター 木造軸組工法住宅の許容応力度設計、2008、pp.150～155

② 設計荷重

1) 地震時の設計荷重

　地震力算定用の仮定荷重は以下とします（P.83 参照）。このとき仮定荷重は、床面積あたりの荷重とします。

$\boxed{W_2 \text{用単位荷重}}$

屋根の固定荷重 [1] :0.84kN/m²

壁ならし荷重 [2] :0.73kN/m²（2 階の上半分）

$\triangle W_2$=1.57kN/m²

$\boxed{W_1 \text{用の単位荷重}}$

床固定荷重 :0.25kN/m²

床積載荷重 [3] :0.6kN/m²

壁ならし荷重 :1.46kN/m²（2 階の下半分と 1 階の上半分）

$\triangle W_1$=2.31kN/m²

$\boxed{W_0 \text{用単位荷重}}$

床固定荷重 :0.25kN/m²

床積載荷重 :0.6kN/m²

壁ならし荷重 :0.73kN/m²（1 階の下半分）

$\triangle W_0$=1.58kN/m²

$\boxed{W_B \text{用単位荷重}}$

基礎立ち上がり荷重 :0.4kN/m²（ひとりでやってみよう 5 の設計荷重参照）

べた基礎 18cm 厚 :4.32kN/m²

$\triangle W_B$=4.72kN/m²

2) 地震力の算定

　Z=R_t=1.0、T=0.03×7.505=0.225、C_0=0.2 として単位面積あたりの地震力を算定します。

建物面積 A=9.1×4.55=41.405m²

$$A_i = 1 + \left(\frac{1}{\sqrt{\alpha_i}} - \alpha_i \right) \times \frac{2 \cdot T}{1 + 3 \cdot T}$$

$\triangle W_2$=1.57×41.405=65.01kN

$\triangle W_1$=2.31×41.405=95.65kN

ΣW_1=65.01+95.65=160.66kN

	$\triangle Wi$	ΣW_i	α_i	A_i	C_i	$\triangle Q_{Ei}$
2F	65.01	65.01	0.405	1.68	0.336	21.84
1F	95.65	160.66	1.000	1.00	0.2	32.13

Z：地震地域係数

R_t：TとT_cとにより定められる数値

　$T < T_c$の場合：R_t = 1.0

　$T_c \leqq T < 2T_c$の場合：

　$R_t = 1 - 0.2 \times (T/T_c - 1)^2$

　$2T_c \leqq T$の場合：

　$R_t = 1.6 \times T_c / T$

T：建築物の設計用一次固有周期

　$T = h \times (0.02 + 0.01 \times \alpha)$

h：当該建築物の高さ（m）

α：当該建築物のうち柱および梁の大部分が木造または鉄骨造である階の高さの合計のhに対する比

T_c：建築物の基礎の底部の直下の地盤の種別に応じて定められる数値

　第 1 種地盤：0.4

　第 2 種地盤：0.6

　第 3 種地盤：0.8

α_i：建築物のA_iを算出しようとする高さの部分が支える部分の固定荷重と積載荷重との和を当該建築物の地上部分の固定荷重と積載荷重との和で除した数値

C_0：標準せん断力係数

1）屋根の固定荷重

屋根の固定荷重を屋根勾配や軒などを考慮して床面積に換算しています。

2）壁ならし荷重

外壁は鉛直荷重ですが、階高を考慮し、固定荷重を床面積に換算しています。

0.73＝0.79×（9.1+4.55）×2×1.4/9.1/4.55

3）床の積載荷重

地震時荷重算定用の積載荷重を 600N/m² とします。

3) 風圧力の算定[1]

V_0=34m/s、地表面粗度区分Ⅲ、H=7.505mとします。

この時Z_b=5m、Z_G=450m、$α$=0.2、G_f=2.5、

$$E_r = 1.7 \times \left(\frac{7.505}{450}\right)^{0.2} = 0.750$$

$$E = E_r{}^2 \times G_f = 0.750^2 \times 2.5 = 1.406 \text{ より}$$

速度圧 $q = 0.6 \times E \times V_0{}^2 = 0.6 \times 1.406 \times 34^2 = 975.4 \text{ N/m}^2$

風力係数は風上面0.8+風下面0.4=1.2として、

単位面積あたりの風圧力：$\triangle Q_w ≒ 1.17\text{kN/m}^2$

③ 転倒モーメントによる短期接地圧の検討（ここでは、短辺方向の検討をします。）

地震時転倒モーメント

ΣM_E=21.84×2.8+32.13×(2.8+0.5+0.13)=171.36

風圧時転倒モーメント

ΣM_W=1.17×[(1.405+1.4)×9.1×2.8+(1.405+1.4+2.8)×9.1×
(2.8+0.5+0.13)]=288.31

これより

風圧力による転倒モーメント＞地震時転倒モーメント

1) 接地圧の検討

建物総重量の算定

ΣW=160.66kN+(1.4+1.58+4.72)×41.405=479.48kN

偏心距離の算定 $e = \dfrac{288.31}{479.48} = 0.6 < \dfrac{4.55}{2} = 2.275$

⇒したがって建物の転倒は起こらない

2) 短期接地圧の算定

風圧時の転倒モーメントに対する検討を行います。

基礎底盤の接地圧係数$α_e$の算定

$$\alpha_e = \begin{cases} 1 \pm \dfrac{6e}{L_x} & \left(e \leq \dfrac{L_x}{6}\right) \\ \dfrac{2}{3\left(\dfrac{1}{2} - \dfrac{e}{L_x}\right)} & \left(e > \dfrac{L_x}{6}\right) \end{cases}$$

詳細はp.149参照

3) 地盤の短期許容応力度以下であることの確認

地盤の長期許容応力度$_LR_a$が20kN/m²のとき、短期許容応力度$_sR_a$は40kN/m²ですので、$σ_短 < {}_sR_a$となります。

memo

1) 風圧力の算定については施行令第87条ならびに平12建告第1454号により算定します。

q：速度圧（N/m²）

Er：平均風速の高さ方向の分布を表す係数

Z_b, Z_cおよび$α_i$：地表面粗度区分に応じて定められる数値

G_f：ガスト影響係数

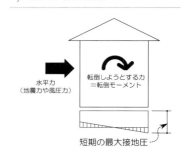

10.2.2 基礎底盤の設計用地反力の算定

---

(1) 設計用地反力は、地反力 σ（kN/m²）から基礎底盤の自重ならびに 1F 床荷重を
除いた値 [1] であり、σ′で表します。

(2) 底盤の設計用地反力は検討方向によって変わります。

$$短辺方向の設計用地反力 \quad \sigma_{ex} = \frac{L_y^4}{L_x^4 + L_y^4} \cdot \sigma'$$

σ': 長辺方向の設計用地反力

L_x: 短辺方向の底盤長さ（底盤の内法長さでも良い）

L_y: 長辺方向の底盤長さ（底盤の内法長さでも良い）

---

(1) 設計用地反力σ′の算定

基礎梁で囲まれた基礎底盤の設計をするとき、基礎底盤には、建築物を支えるため、下から上向きの地反力が生じ、同時に、基礎底盤の自重ならびに1階床設計荷重が上から下向きの荷重として生じています。したがって、基礎底盤の設計荷重はそれらの荷重を除いたσ′（kN/m²）になります。

ここで、1階床の設計荷重を1.55（kN/m²）としたときのσ′は以下のようになります。

$$\sigma' = \sigma - (24 \times t + 1.55) \quad \cdots \quad (\quad) \text{ 内は底盤自重＋1階床設計荷重}$$

σ': 基礎底盤の設計用地反力　（kN/m²）

t　: 底盤の厚さ　（m）

基礎底盤の設計用地反力の算定例

基礎底盤の厚さが 18cm のとき、

基礎底盤自重 w:24（kN/m³）×0.18（m）=4.32（kN/m²）

1階床設計荷重：固定荷重＋積載荷重（住居用）=250（N/m²）+1300（N/m²）[3]

$\qquad\qquad\qquad\qquad\qquad\qquad\qquad$ =1550（N/m²）=1.55（kN/m²）

基礎底盤の設計用地反力　$\sigma' = \sigma - (4.32 + 1.55)$（kN/m²）

---

(2) 底盤の設計用地反力の算定

設計に用いる地反力は、長辺方向の検討を行う場合と短辺方向の検討を行う場合では異なる数値を用います。

長辺方向の検討を行う場合の地反力はσ′を用います。

短辺方向の検討を行う場合の地反力は σ_{ex} とし、下式により算定します。[4]

$$\sigma_{ex} = \frac{L_y^4}{L_x^4 + L_y^4} \cdot \sigma'$$

L_x: 短辺方向の底盤長さ（底盤の内法長さでも良い）

L_y: 長辺方向の底盤長さ（底盤の内法長さでも良い）

---

1) 1階床は根太・大引きならびに束によって支えられています。

このときの1階の床設計荷重は束によって底盤を介し地盤へ伝達することになります。

このことから基礎底盤の設計荷重は、上向きの地反力 σ から下向きの1階床設計荷重と基礎底盤自重を除いた σ′ になります。

2) 地反力

地反力は基礎底盤から地盤への接地圧の反力として基礎底盤に上方向に生じる力で、基礎底盤などの基礎部材から見たとき、地反力は上方向の外力となります。

鉄筋コンクリートの単位重量を 24kN/m³ としています。

コンクリートの単位重量はセメントの強度により変化しますが、本書では23kN/m³ とし、鉄筋の重量を含む鉄筋コンクリートの単位重量を24kN/m³ としています。

3) 居室の載荷荷重は算定する対象によって分かれており、以下のようになっています。

床構造の設計用

…1800N/m²=1.8kN/m²

大梁・柱・基礎等の設計用

…1300N/m² = 1.3kN/m²

地震力の算定用

…600N/m² = 0.6kN/m²

P.75 は基礎の設計に用いる荷重の算定を行うため、ここでは 1.3kN/m² を採用します。

4) 次頁に示します。

10.2.3　基礎底盤の応力算定

(1)　底盤の周辺固定条件により曲げモーメントの算定式は異なります。
(2)　底盤の曲げモーメント M の算定
　基礎底盤の応力は単位幅の値を示し、最大値は端部付近に生じます。
　・基礎底盤の端部（短辺の $L_x/4$、長辺の $L_x/4$ 部分）[1]
　　曲げモーメントが底盤の下側：底盤上側が圧縮側、下側が引張側
　・基礎底盤の中央部
　　曲げモーメントが底盤の上側：底盤上側が引張側、下側が圧縮側

(1)　周辺固定条件による底盤に生じる曲げモーメント

①　基礎底盤の周辺固定度
　底盤の応力算定は基礎梁で囲まれた部分ごとに行います。検討を行う底盤ごとに、四周の連続状況は異なります。隣接する底盤と連続であれば、その底盤の端部を固定端と見なし、連続していなければピン端と見なします。応力算定においては、四周の固定状況に応じた算定式を用いることとなります。以下に例を示します。

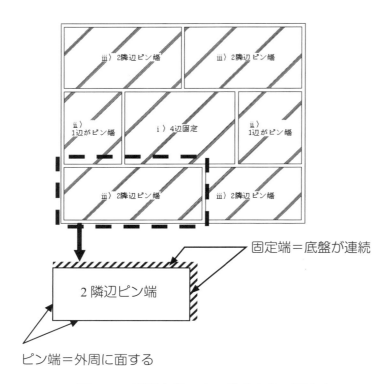

図 10.5　周辺条件による基礎底盤の固定度

・基礎底盤が隣接する場合は固定端とします。
・外周部のように基礎底盤に隣接する底盤がない場合はピン端とします。

---

memo

前頁の 4)（一社）日本建築学会　鉄筋コンクリート構造設計基準・同解説 p.98　10 条スラブの解析にあるように、床スラブの応力解析をするとき、床の設計用荷重 w（kN/m²）に対し短辺方向（X 方向）の応力を算定するときには w_x とします。

これは、周辺固定状態の鉄筋コンクリート構造のスラブは 2 方向の交差梁と考えることにより、スラブ中央部のたわみが等しくなるように短辺方向と長辺方向に荷重 w を分配するためです。

1) 基礎底盤の長辺方向の端部は、$L_y/4$ ではなく、$L_x/4$ ですので注意してください。

② 基礎底盤の応力と配筋の要領

4辺固定端の基礎底盤部分の地反力による応力と配筋の要領は次のようになります。

底盤に生じる曲げモーメントは図10.6のようになり、このときの底盤の配筋は主筋を短辺方向に配置します[1]。

図10.6に示す曲げモーメントは短辺長辺ともに中央部分の応力（それぞれA部分、C部分）は周辺の$L_x/4$部分（B部分、D部分）より小さな応力となります。

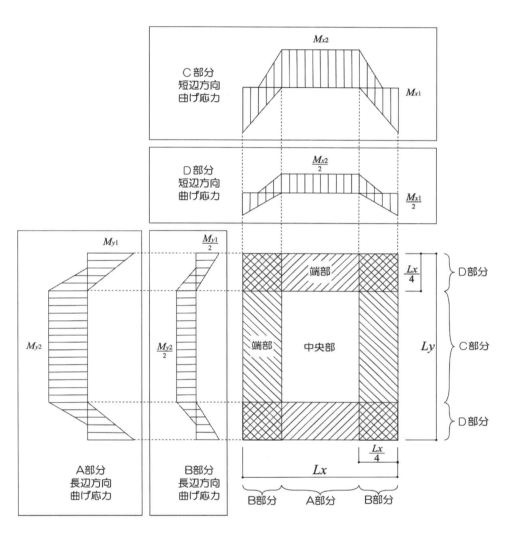

図10.6　基礎底盤の設計応力

[1] 短辺方向をLxとするので$Lx < Ly$となります。この時、短辺方向の曲げモーメントMxは長辺方向の曲げモーメントMyに比べ大きな数値になります。

底盤の配筋はシングル配筋あるいはダブル配筋となりますが、引張応力の大きな方向を"主な主筋"として考え、圧縮側コンクリートの端部から最も離れる位置に配置することになります。

「短辺方向」と「長辺方向」

下図のように、短辺に平行方向を"短辺方向"、長辺に平行方向を"長辺方向"と呼びます。

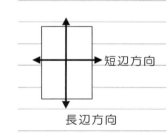

(2) 底盤の曲げモーメントの算定

　底盤に生じる曲げモーメントは、中央部と端部では、正負が逆になります。図10.6に示すように、基礎の端部ならびに中央部では引張側と圧縮側が変わることに注意する必要があります。
　周辺条件ごとの基礎底盤の曲げモーメント算定式は次のようになります。
　なお、曲げモーメントの算定において、L_x、L_yは底盤の内法寸法で計算しても良い。

① 4辺固定のとき

L_x（短辺）方向：両端部　$M_1 = \dfrac{\sigma_{ex} \cdot L_x^2}{12}$　　中央部　$M_2 = \dfrac{\sigma_{ex} \cdot L_x^2}{18}$

L_y（長辺）方向：両端部　$M_1 = \dfrac{\sigma' \cdot L_x^2}{24}$　　中央部　$M_2 = \dfrac{\sigma' \cdot L_x^2}{36}$

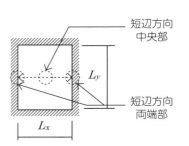

② 短辺方向の1辺がピン端（外周部）のとき

L_x（短辺）方向：固定側端部　$M_1 = \dfrac{\sigma_{ex} \cdot L_x^2}{9}$　　中央部　$M_2 = \dfrac{\sigma_{ex} \cdot L_x^2}{18}$

　　　　　　　　：ピン端　　　$M_1 = 0$

L_y（長辺）方向：両端部　　　$M_1 = \dfrac{\sigma' \cdot L_x^2}{14}$　　中央部　$M_2 = \dfrac{\sigma' \cdot L_x^2}{36}$

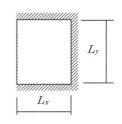

③ 長辺方向の1辺がピン端（外周部）のとき

L_x（短辺）方向：両端部　　　$M_1 = \dfrac{\sigma_{ex} \cdot L_x^2}{12}$　　中央部　$M_2 = \dfrac{\sigma_{ex} \cdot L_x^2}{18}$

L_y（長辺）方向：固定側端部　$M_1 = \dfrac{\sigma' \cdot L_x^2}{24}$　　中央部　$M_2 = \dfrac{\sigma' \cdot L_x^2}{36}$

　　　　　　　　：ピン端　　　$M_1 = 0$

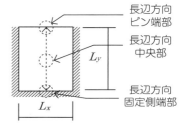

④ 2隣辺ピン端（外周部）のとき

L_x（短辺）方向：固定端部　$M_1 = \dfrac{\sigma_{ex} \cdot L_x^2}{8}$　　中央部　$M_2 = \dfrac{\sigma_{ex} \cdot L_x^2}{18}$

　　　　　　　　：ピン端　　$M_1 = 0$

L_y（長辺）方向：固定端部　$M_1 = \dfrac{\sigma' \cdot L_x^2}{12}$　　中央部　$M_2 = \dfrac{\sigma' \cdot L_x^2}{36}$

　　　　　　　　：ピン端　　$M_1 = 0$

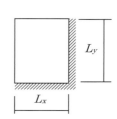

⑤ 対面の短辺方向2辺がピン端のとき

L_x（短辺）方向：両端部　$M_1 = 0$　　　　　　中央部　$M_2 = \dfrac{\sigma_{ex} \cdot L_x^2}{8}$

L_y（長辺）方向：両端部　$M_1 = \dfrac{\sigma' \cdot L_x^2}{14}$　　中央部　$M_2 = \dfrac{\sigma' \cdot L_x^2}{36}$

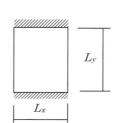

⑥　対面の長辺方向 2 辺がピン端のとき

L_x（短辺）方向：両端部　$M_1 = \dfrac{\sigma_{ex} \cdot L_x^2}{12}$　　中央部　$M_2 = \dfrac{\sigma_{ex} \cdot L_x^2}{18}$

L_y（長辺）方向：両端部　$M_1 = 0$　　中央部　$M_2 = \dfrac{\sigma' \cdot L_x^2}{27}$

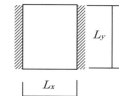

⑦　4 辺ピン端のとき

L_x（短辺）方向：端部　$M_1 = 0$　　中央部　$M_2 = \dfrac{\sigma_{ex} \cdot L_x^2}{8}$

L_y（長辺）方向：端部　$M_1 = 0$　　中央部　$M_2 = \dfrac{\sigma' \cdot L_x^2}{27}$

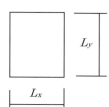

⑧　3 辺ピン端（外周部）、短辺方向の 1 辺が固定端のとき
　　この場合は、中央部モーメント：4 辺ピン端（上記⑦）
　　　　　　　　固定端モーメント：2 隣辺ピン端（上記④）
　　として計算を行います。

L_x（短辺）方向：固定側端部　$M_1 = \dfrac{\sigma_{ex} \cdot L_x^2}{8}$

　　　　　　　　ピン端　$M_1 = 0$

　　　　　　　　中央部　$M_2 = \dfrac{\sigma_{ex} \cdot L_x^2}{8}$

L_y（長辺）方向：端部　$M_1 = 0$

　　　　　　　　中央部　$M_2 = \dfrac{\sigma' \cdot L_x^2}{27}$

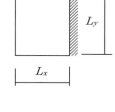

⑨　3 辺ピン端（外周部）、長辺方向の 1 辺が固定端のとき
　　この場合は、中央部モーメント：4 辺ピン端（上記⑦）
　　　　　　　　固定端モーメント：2 隣辺ピン端（上記④）
　　として計算を行います。

L_x（短辺）方向：端部　$M_1 = 0$

　　　　　　　　中央部　$M_2 = \dfrac{\sigma_{ex} \cdot L_x^2}{8}$

L_y（長辺）方向：固定側端部　$M_1 = \dfrac{\sigma' \cdot L_x^2}{12}$

　　　　　　　　ピン端　$M_1 = 0$

　　　　　　　　中央部　$M_2 = \dfrac{\sigma' \cdot L_x^2}{27}$

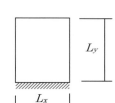

10.2.4 基礎底盤の断面算定

> (1) 基礎底盤に生じる曲げモーメントから必要な鉄筋断面積を算定します。
>
> $$M \leq M_a = a_t \cdot f_t \cdot j \Rightarrow \text{引張側鉄筋の断面積} \quad a_t \geq \frac{M}{f_t \cdot j}$$
>
> a_t：引張側鉄筋の断面積 （mm²）
>
> f_t：鉄筋の引張許容応力度 （N/mm²）
>
> $j：\frac{7}{8}d$ （mm）
>
> d：主筋の中心から圧縮側最外縁までの距離 （mm）
>
> (2) 主筋の中心から圧縮側最外縁までの距離 d は、断面算定の位置により異なります。
>
> (3) 曲げモーメントから算出した鉄筋断面と、平 12 建告第 1347 号の規定（D10 を 300mm ピッチ）を考慮し、安全側の設計とします。

(1) 曲げモーメントからの必要鉄筋量の算定

底盤に生じる曲げモーメントを 10.2.3(2) の計算式によって求めることができます。その結果をもとに 1m 幅あたりの鉄筋量を算定します。

曲げモーメント M と鉄筋の引張応力の関係は次の式で表されます。鉄筋は引張応力に有効であることから、圧縮側のコンクリート最外縁までの距離を d としたときの関係式になります。

底盤幅 1m あたりの必要な鉄筋断面積は $\quad a_t \geq \frac{M}{f_t \cdot j}$

a_t：引張側鉄筋の断面積 （mm²）

f_t：鉄筋の引張許容応力度 （N/mm²）

$j：\frac{7}{8}d$ （mm）

d：主筋の中心から圧縮側最外縁までの距離 （mm）

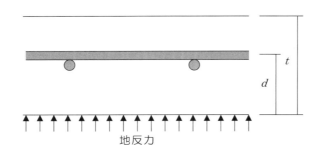

図 10.7 底盤断面概要

(2) 主筋の中心から圧縮側最外縁までの距離 d

べた基礎の基礎底盤の配筋方法と断面算定に用いる d の関係は、断面算定の位置によって異なる数値になります。べた基礎底盤に生じる応力は図 10.8（上）のように 4 辺固定の場合は、短辺方向中央部（A 部）は端部で下側が最大引張応力となるような変形が生じます。したがって配筋は、短辺方向鉄筋（引張応力が大きな方向）が下側に、上側に長辺方向の鉄筋が配置されます。

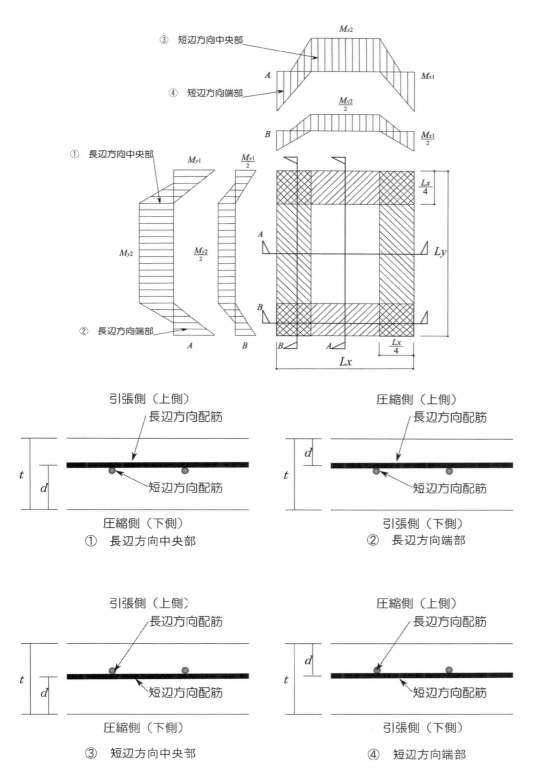

図 10.8　べた基礎底盤の算定位置と d

d の算出

鉄筋下に挿入するスペーサーブロックが 60mm 角の場合の、配筋検討方向ならびに d の算定
(配筋は両方向共に D10 とする)

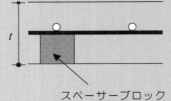
スペーサーブロック

【短辺方向】

[中央部 A-A 断面] 中央曲げモーメント M_{x2} (図 10.8 ③参照)

d = 下側鉄筋かぶり厚さ 60mm+ 鉄筋の中心 5.5mm
　= 65.5mm ⇒ 66mm

[中央部 A-A 断面] 端部曲げモーメント M_{x1} (図 10.8 ④参照)

d = 底盤厚さ t - (下側鉄筋かぶり厚さ 60mm+ 鉄筋の中心 5.5mm)
　= t - 66mm

【長辺方向】

[中央部 A-A 断面] 中央曲げモーメント M_{y2} (図 10.8 ①参照)

d = 下側鉄筋かぶり厚さ 60mm+ 鉄筋の最小径 11mm+ 鉄筋中心 5.5mm=76.5mm ⇒ 77mm

[中央部 A-A 断面] 端部曲げモーメント M_{y1} (図 10.8 ②参照)

$d = t$ - (60mm+11mm+5.5mm) = t - 77 (mm)

＜参考＞配筋の決定例

ここから算出された鉄筋の断面積は、基礎底盤幅 1m あたりに必要な鉄筋量です。
具体的な算出方法は以下の例のようになります。

例1) 計算結果が a_t=2.13cm^2 となったとき D10 (断面積 0.71cm^2) の配置は以下のようになります。

基礎底盤幅 1m あたりに、必要な D10 の配筋本数は 2.13/0.71=3 本
基礎底盤幅 1m に 3 本配置 ⇒ 配筋ピッチは 333mm。

平 12 建告第 1347 号の規定を考慮し、基礎底盤の配筋は D10 を 300mm ピッチとする

例2) 計算結果が a_t=0.35cm^2 となったとき D10 (断面積 0.71cm^2) の配置は以下のようになります。

基礎底盤幅 1m あたりに、必要な D10 の配筋本数は、
0.35/0.71=0.5 本 ⇒ 基礎底盤幅 1m に 0.5 本配置 ⇒ 配筋ピッチは 2000mm。

平 12 建告第 1347 号の規定を考慮し、基礎底盤の配筋は D10 を 300mm ピッチとする

ひとりでやってみよう5

■ べた基礎の底盤の設計を行います。

　図 10.9 〜図 10.12 の建物のプランを基に基礎底盤の設計を行います。また、地盤性状は「ひとりでやってみよう 4」の問題 1 で検討した地盤とします。

（1）　設計条件
　荷重条件と建物重量の算定を行います。荷重の算定については、下記の 2 通りの算定方法によって行います。

---

① 　荷重を詳細に算出する方法
　建物の各部位ごとに荷重を算出し、基礎設計用の荷重を設定する方法です。各部位ごとの単位荷重はそれぞれの建物の実状にあわせ設定する必要があります。

② 　荷重を簡易に算出する方法
　「小規模建築物基礎設計指針」にある建物規模にあわせた荷重一覧から、基礎設計用の荷重を設定する方法です。

---

　① 　荷重を詳細に算出する方法による建物荷重算定
　　屋根勾配（5 寸）補正値：1.118　：10.10m×5.55m×1.118＝62.67m²
　　2 階床面積：9.10m×4.55m＝41.41m²
　　バルコニー：2.73m×0.91m＝2.48m²
　　外壁面積：{（9.10 m＋4.55 m）×2}×5.85 m＝ 159.71m²
　　バルコニー手すり：（0.91×2＋2.73）×1.2＝5.46m²
　　基礎長さ：（9.10 m＋4.55m）×2＝27.3m

表 10.1　2 階建て建物の W_F（一般地域・重い屋根・重い外壁）

部位	仕上げ	単位荷重 (N/m²)	部位別計 (N/m²)	対象面積 (m²)	荷重計 (N)
屋根	瓦屋根（葺き土無）屋根面に付	640	840	62.67	52,643
	母屋（支点間距離 2m 以下）	50			
	天井	150			
外壁	モルタル	640	790	159.71	126,171
	軸組	150			
床（2 階）	板張り	150	1550	41.41	64,186
	梁（スパン 4m 以下）	100			
	積載（基礎設計用）	1300			
バルコニー	荷重を床（2 階）と同じとする。		1550	2.48	3,844
床（1 階）	荷重を床（2 階）と同じとする。		1550	41.41	64,186
基礎底盤上	コンクリート気乾容積重量 （基礎立ち上がり部含む）	24,000 (N/m³)	24,000 (N/m³)	1.43 (m³)	34,320
計					345,350

② 荷重を簡易に算出する方法による建物荷重設定

べた基礎用検討荷重（基礎床面積 1m^2 あたりのならし荷重 :kN/m^2）

表 10.2　2 階建て、一般地域・重い屋根・重い外壁

部位	ならし荷重（kN/m^2）
屋根	1.53
外壁	5.34
床	3.92
基礎（地盤面より上部）	0.40
計	11.19

（2）　使用材料

使用する材料の特性は、以下の表に従うものとします。

表 10.3　コンクリートの仕様　（N/mm^2）

	設計基準強度	長期許容応力度		短期許容応力度	
	F_c （N/mm^2）	圧縮 $_Lfc$	せん断 $_Lfs$	圧縮 $_sfc$	せん断[1] $_sfs$
普通コンクリート	21	7.0	0.7	14.0	1.4

表 10.4　鉄筋の仕様　（N/mm^2）

	基準強度 F （N/mm^2）	長期許容応力度		短期許容応力度	
		引張り $_Lft$	せん断補強 $_Lfs$	引張り $_sft$	せん断補強 $_sfs$
SD295	295	196	195	295	295

表 10.5　異形鉄筋の断面積および周長表（上段：断面積（cm^2）、下段：周長（cm））

呼び名	重量 (kg/m)	本数									
		1	2	3	4	5	6	7	8	9	10
D6	0.249	0.32	0.64	0.96	1.28	1.60	1.92	2.24	2.56	2.88	3.20
		2.0	4.0	6.0	8.0	10.0	12.0	14.0	16.0	18.0	20.0
D8	0.389	0.50	0.99	1.49	1.98	2.48	2.97	3.47	3.96	4.46	4.95
		2.5	5.0	7.5	10.0	12.5	15.0	17.5	20.0	22.5	25.0
D10	0.560	0.71	1.43	2.14	2.85	3.57	4.28	4.99	5.70	6.42	7.13
		3.0	6.0	9.0	12.0	15.0	18.0	21.0	24.0	27.0	30.0
D13	0.995	1.27	2.54	3.81	5.08	6.35	7.62	8.89	10.16	11.43	12.70
		4.0	8.0	12.0	16.0	20.0	24.0	28.0	32.0	36.0	40.0
D16	1.56	1.99	3.98	5.97	7.96	9.95	11.94	13.93	15.92	17.91	19.90
		5.0	10.0	15.0	20.0	25.0	30.0	35.0	40.0	45.0	50.0
D19	2.25	2.87	5.74	8.61	11.48	14.35	17.22	20.09	22.96	25.83	28.70
		6.0	12.0	18.0	24.0	30.0	36.0	42.0	48.0	54.0	60.0
D22	3.04	3.87	7.74	11.61	15.48	19.35	23.22	27.09	30.96	34.83	38.70
		7.0	14.0	21.0	28.0	35.0	42.0	49.0	56.0	63.0	70.0

memo

1）本書ではせん断設計は省略しています。（一社）日本建築学会の「鉄筋コンクリート構造計算規準・同解説」によると、通常床スラブは、せん断応力度に対しては、集中荷重を受ける場合、あるいは開口部がある場合を除いて、十分な場合が多いとされています。せん断設計が必要とされる場合は、同書などを参考に行って下さい。

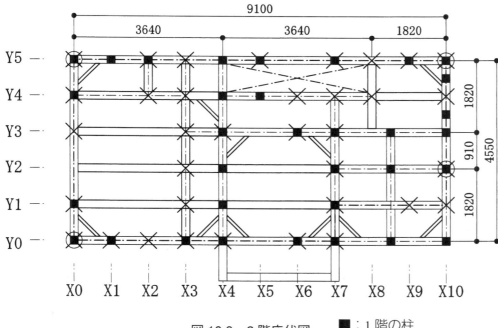

図10.9　2階床伏図　　■：1階の柱
　　　　　　　　　　　×：2階の柱

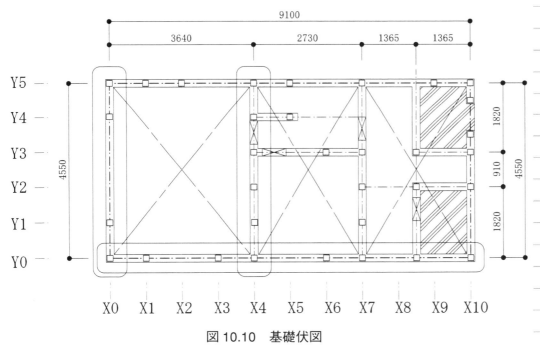

図10.10　基礎伏図

 の部分を例として計算します。

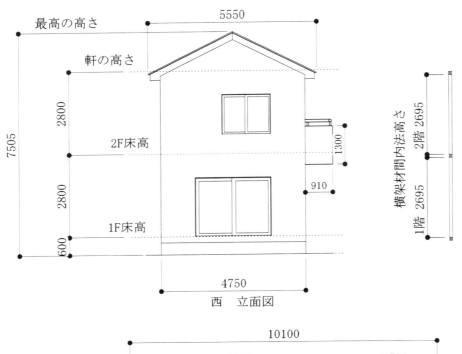

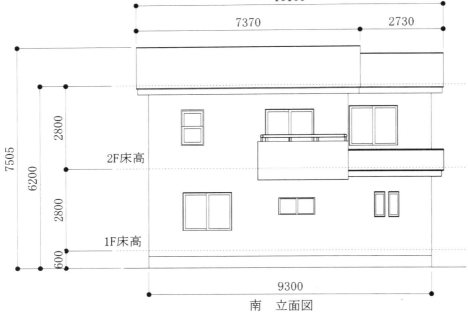

図 10.11　立面図

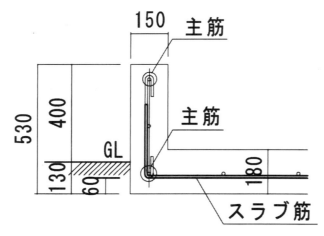

図 10.12　基礎断面図

(3) べた基礎底盤の設計
① 建物の鉛直荷重（kN）の算定

建物の鉛直荷重 W の算定および地盤の長期許容応力度 R_a 以下であることの確認を行います。ここでは詳細設計法により設計します。表 10.1 から建物の荷重は基礎底盤上までの建築物の荷重 W_F は以下のようになります。

$W_F = 345,350$（N）$= 345.35$（kN）

基礎底盤の面積　$A = (9.10+0.15) \times (4.55+0.15) = 43.475$（m²）

基礎底盤下までの建物荷重 W の算定

$W = 345.35 + (24 \times 0.18 \times 43.475) = 533.162$（kN）

基礎底盤面積算定の注意
基礎底盤の面積は基礎梁の外周部で囲まれた底盤全体の面積です。

ここでは、基礎の立ち上がりの幅（厚み）を15cmとしています。したがって通り芯から外側の寸法として、0.075 × 2 = 0.15m としています。

② 接地圧 σ の算定と接地圧が地盤の長期許容応力度 R_a 以下であることの確認
接地圧を算定します。

$\sigma = W/A = 12.26$（kN/m²）= 地反力

地盤の長期許容応力度 R_a は、「ひとりでやってみよう4」の問題1より、63（kN/m²）であるので、$\sigma < R_a$ となります。

③ 長辺方向の設計用地反力の算定

基礎底盤の設計用地反力は σ から基礎底盤の自重と1階床荷重を除いた荷重になります。1階の単位面積あたりの床荷重は、表 10.1 より 1.55（kN/m²）とします。

$\sigma' = \sigma - 24 \times t - 1.55 = 6.39$

σ'：基礎スラブ設計用地反力　（kN/m²）
t：底盤スラブ厚さ　（m）

④ 短辺方向の設計用地反力の算定

検討対象の底盤は図 10.13 で示すように、X0−X4、Y0−Y5 で囲まれた底盤とします。短辺の長さ $L_x = 3.64$m、長辺の長さ $L_y = 4.55$m となります。

基礎底盤の設計は基礎梁で囲まれたすべての基礎底盤を対象に行うことが原則です。

ここでは、地反力はすべての基礎底盤に均等であることから、例として X0 − X4、Y0 − Y5 で囲まれた底盤の断面算定を行います。

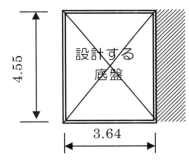

図 10.13　底盤の周辺条件

短辺方向の設計用地反力 σ_{ex} を算定します。

$$\sigma_{ex} = \frac{L_y^4}{L_x^4 + L_y^4} \cdot \sigma' = \frac{4.55^4}{3.64^4 + 4.55^4} \times 6.39 = 4.53 \text{ (kN/m}^2\text{)}$$

⑤　周辺固定度による曲げモーメント算定式の選定および応力算定

　地反力が底盤に一様に作用する等分布荷重とし、底盤の曲げモーメントを短辺方向、長辺方向それぞれについて底盤の両端部と中央部で求めます。

　底盤周辺の固定条件：　3辺ピン、短辺方向の1辺が固定端
　したがって、曲げモーメントの算定式は以下のようになります。

L_x（短辺）方向：固定端部　$M_1 = \dfrac{\sigma_{ex} \cdot L_x^2}{8}$　　中央部　$M_2 = \dfrac{\sigma_{ex} \cdot L_x^2}{8}$

　　　　　　　　ピン端部　$M_1 = 0$

L_y（長辺）方向：ピン端部　$M_1 = 0$　　　　　中央部　$M_2 = \dfrac{\sigma' \cdot L_x^2}{27}$

これらの式を用いて、各個所に生ずるモーメントを求めます。

$\boxed{L_x \text{（短辺）方向}}$

固定端部＝中央部　$M_1 = M_2 = \dfrac{\sigma_{ex} \cdot L_x^2}{8} = \dfrac{\langle\,^{45}\quad\rangle \times 3.64^2}{8} = \langle\,^{46}\qquad\rangle$　(kN・m)

$\boxed{L_y \text{（長辺）方向}}$

ピン端部　$M_1 = 0$

中央部　$M_2 = \dfrac{\sigma' \cdot L_x^2}{27} = \dfrac{\langle\,^{47}\quad\rangle \times 3.64^2}{27} = \langle\,^{48}\qquad\rangle$　(kN・m)

単位に注意しよう

$1\text{kN} = 1 \times 10^3 \text{N}$

$1\text{m} = 1 \times 10^3 \text{mm}$

⑥　曲げモーメントからの必要鉄筋量の算定

　基礎底盤の必要鉄筋量を求めます。基礎底盤をシングル配筋とすると、基礎底盤の端部配筋の計算には $d = t - 6.6 = 11.4\text{cm} = 114\text{mm}$、中央部配筋計算には $d = 6.6\text{cm} = 66\text{mm}$ を用います。また、長辺方向の中央部配筋の計算には $d = 7.7\text{cm} = 77\text{mm}$ を用います。算出された端部配筋と中央部配筋の必要鉄筋断面積 a_t の多い方を必要鉄筋量とします。また、鉄筋の長期許容応力度 f_t は 196（N/mm²）とします。

d は pp.80 〜 81 を参考に決定します。ここでは、L_x（短辺）方向の鉄筋の中心位置が底盤下端から 6.6cm の位置にあるとします。

$\boxed{L_x \text{方向端部}}$

$$j = \frac{7}{8} \times d = \frac{7}{8} \times 114 = 99.75 \ \ (\text{mm})$$

$$a_t = \frac{M}{f_t \cdot j} = \frac{\langle\,^{46}\quad\rangle}{196 \times 99.75} \times 10^6 = \langle\,^{49}\qquad\rangle \ \ (\text{mm}^2)$$

$\boxed{L_x \text{方向中央部}}$

$$j = \frac{7}{8} \times d = \frac{7}{8} \times 66 = 57.75 \ \ (\text{mm})$$

$$a_t = \frac{M}{f_t \cdot j} = \frac{\langle\,^{46}\quad\rangle}{196 \times 57.75} \times 10^6 = \langle\,^{50}\qquad\rangle \ \ (\text{mm}^2)$$

L_y 方向中央部

$$j = \frac{7}{8} \times d = \frac{7}{8} \times 77 = 67.38 \quad (\text{mm})$$

$$a_t = \frac{M}{f_t \cdot j} = \frac{\langle ^{48} \qquad \rangle}{196 \times 67.38} \times 10^6 = \langle ^{51} \qquad \rangle \quad (\text{mm}^2)$$

$$\therefore \text{短辺方向の必要鉄筋断面積} \quad a_t = \langle ^{52} \qquad \rangle \quad (\text{mm}^2)$$

$$\Rightarrow \text{D10 が} \langle ^{53} \qquad \rangle \text{本/基礎底盤幅 1m}$$

$$\Rightarrow \text{D10@} \langle ^{54} \qquad \rangle$$

⑦　平 12 建告第 1347 号の規定を考慮し断面を決定

　平 12 建告第 1347 号の規定では、D10@300 以下とされています。応力からの算定の方が狭いピッチという結果になったことから、底盤の配筋を 50mm 単位で丸め、

D10@　$\langle ^{55} \qquad \rangle$　とします。

> 配筋のピッチは、実務的には 50mm 単位のピッチで丸めることが多い。配筋間隔は、計算値よりも狭くなるように丸めます。

10.3 基礎梁の設計

建物の開口部などの直下の基礎梁には、基礎底盤への地反力により変形・応力が生じます。

生じる応力は地盤からの均一な地反力による長期荷重時応力と、地震時などに生じる水平荷重時応力を加味した短期荷重時応力があります。地反力 σ はべた基礎の全体に均一にかかります。基礎梁にかかる荷重は、図 10.14 のように周囲の梁と底盤形状の関数により、その荷重負担範囲が異なります。なお、この時の設計用地反力 σ′ は 1 階床荷重と底盤自重を除いたものになります。

memo

べた基礎の場合は、地反力を受けるべた基礎底盤からの応力ならびに変形を抑制するために周辺に基礎梁を設けることになります。そのときに基礎梁に生じる底盤からの荷重は図のように亀甲型になります。

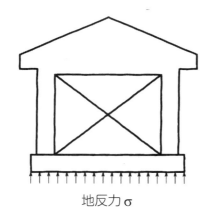
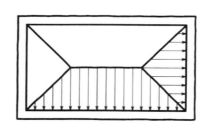

地反力 σ

図 10.14　基礎梁の荷重負担

長期荷重時の基礎梁の変形は、地盤からの上向きの地反力が主体となることから、開口部の中央部が上側に変形しようとし、その結果、曲げモーメントは端部が下側に、中央部が上側に生じることになります。

下図は、開口部の基礎梁に生じる長期荷重時応力に関する変形と応力を示しています。

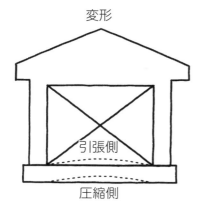
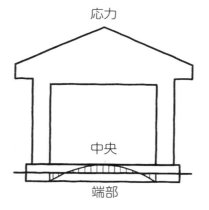

開口部の端部：下側引張側
中央部　　　：上側引張側

図 10.15　基礎梁の応力と変形

10.3.1 基礎梁の応力算定

基礎梁に生じる応力算定の方法を述べます。

(1) 長期設計用地反力σ'を算定し、基礎梁で囲まれた基礎底盤の区画の形状にもとづいて、荷重分担範囲を選定します。（表 10.6）
(2) 荷重分担範囲タイプから、長期荷重時応力を算定します。（表 10.6）
(3) 水平荷重時の耐力壁周辺柱に生じる引抜き力の算定方法
(4) 水平荷重時に基礎梁に生じる応力を算定します。
(5) 長期荷重時応力と水平荷重時応力から、短期荷重時応力を算定します。

(1) 長期設計用地反力σ'の算定

設計荷重は、基礎底盤に上向きに生じる地反力σと、下向きの1階床設計荷重と底盤自重ならびに梁自重の組み合わせとなります。基礎底盤の設計と同様に、1階床の設計荷重を 1.55（kN/m²）としたときの算定式を示します。

基礎底盤の厚さを t（m）とすると、σ' は次のようになります。

$$\sigma' = \sigma - (24 \times t + 1.55) \quad (kN/m^2)$$

べた基礎の底盤を設計するときの、べた基礎にかかる力を図 10.16 に示します。

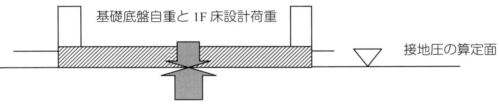

図 10.16 底盤設計時のべた基礎にかかる力

また、基礎梁の自重は、梁の幅を b（m）、底盤を除く高さを h'（m）とすると、次のようになります。

$$w_0 = 24 \times b \times h' \quad (kN/m)$$

（2）　荷重分担範囲タイプからの長期荷重時応力の算定

　　検討する梁の固定端モーメント C 及び単純梁とした時の中央部の曲げモーメント M_0 の算定を行います。検討する梁のスパン L と対面する梁までのスパンにより荷重分担範囲が異なります。表 10.6 に固定端モーメント C、中央部の曲げモーメント M_0、およびせん断力 Q を示します。

表 10.6　固定端モーメントと中央部曲げモーメント

	タイプ1	タイプ2	タイプ3
荷重分担範囲			
両端固定の固定端モーメント C	$C = \dfrac{w'}{12L}\left(L^3 - 2a^2 \cdot L + a^3\right)$	$C = \dfrac{5}{96} w' \cdot L^2$	$C = \dfrac{w' \cdot L^2}{12}$
単純梁の中央曲げモーメント M_0	$M_0 = \dfrac{w'}{24}\left(3L^2 - 4a^2\right)$	$M_0 = \dfrac{w' \cdot L^2}{12}$	$M_0 = \dfrac{w' \cdot L^2}{8}$
せん断力 Q	$Q = \dfrac{w' \cdot (L-a)}{2}$	$Q = \dfrac{w' \cdot L}{4}$	$Q = \dfrac{w' \cdot L}{2}$

	タイプ4（集中荷重）	
	a端	b端
荷重分担範囲		
両端固定の固定端モーメント C	$C = \dfrac{P \cdot a \cdot b^2}{L^2}$	$C = \dfrac{P \cdot a^2 \cdot b}{L^2}$
単純梁の中央曲げモーメント M_0	$M_0 = \dfrac{P \cdot a \cdot b}{L}$	
せん断力 Q	$Q = \dfrac{P \cdot b}{L}$	$Q = \dfrac{P \cdot a}{L}$

このとき、

$w' = w \cdot h$

　　w'：計算上の荷重　（kN/m）

　　w：単位面積あたりの荷重（＝地反力）（kN/m²）

　　h：荷重分担範囲　（m）・・・対面する梁までのスパンの 1/2

P：集中荷重（kN）

基礎梁が連続する場合の応力は、スパン数によって考え方が異なります。1スパン、2スパン、多スパンの場合の梁端部の曲げモーメントならびに中央部の曲げモーメントを示します。

このとき、端部とは開口部の両側に位置する構造柱、耐力壁柱などを示します。

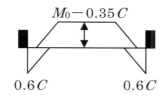

1スパンの場合

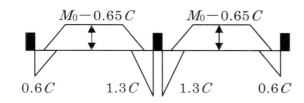

2スパンの場合

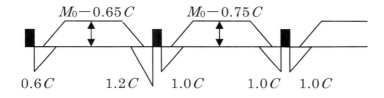

多スパンの場合

図10.17 連続する梁の曲げモーメント

参考
(一社) 日本建築学会、鉄筋コンクリート構造計算規準・同解説、p.87、2010

また、2スパンあるいは多スパンの外端に位置する基礎梁のように、梁両端部の曲げモーメントが異なる数値の場合、せん断力は、以下のように求めます。

連続する梁のせん断力の算定例

2スパンのときの梁の内端に生じるせん断力　　$Q_{内端} = Q + \dfrac{1.3C - 0.6C}{L}$

（図6.10、図6.11を参照）

(3)　水平荷重により耐力壁周辺柱に生じる引抜き力の算定

　地震時などには建物の柱脚部分に引抜き力が発生することがあります。この引抜き力も基礎梁の応力算定の際に考慮する必要があります。

　柱脚の引抜き力の算定には、上部建物の許容応力度計算による引抜き力によるもののほか、①簡易的な柱脚の引抜き金物の検討に用いるN値計算の結果を用いる方法や②柱脚金物の許容耐力から求める方法があります。

　柱脚の引抜き力を算定する方法として①、②の方法を紹介します。

　既に、これらの求め方を理解している方は（4）へ進んで下さい。

① 壁倍率から引抜き力を算定する方法

　木造建築物の柱脚柱頭の金物を選定する際、壁倍率からN値を算出する方法があります。このN値を利用し、1階の柱脚に生じる引抜き力Tを算定します。

1)　N値の算定

　N値は以下の方法で算出します。

　平屋建ての場合の柱

　$N = A1 \times B1 - L$

　2階建ての場合の1階柱

　$N = A1 \times B1 + A2 \times B2 - L$

　　　　1階部分　2階部分

A1= 左右の壁倍率の差 + 補正値（表10.7値参照）

B1= けたや床による抑え込みの係数

　　出隅柱 :0.8

　　他の柱 :0.5

L= 鉛直荷重による抑え込み効果

　　2階建ての1階　　出隅柱 :1.0　他の柱 :1.6

　　平屋建て　　　　出隅柱 :0.4　他の柱 :0.6

---

2)　引抜き力Tの算定

　1)により算定したN値の計算結果から引抜き力Tを算定します。

　階高が2.7mのときの柱脚に生じる引抜き力Tは以下の式で算定ができます。

　　　引抜き力 $T = N \times 1.96 \times 2.7$

　　　　　　　　$= (A1 \times B1 + A2 \times B2 - L) \times 1.96 \times 2.7$・・・2階建ての場合

---

memo

N値とは、柱に生じる軸方向力（引抜力）を接合部倍率として表したもので、引抜力を1.96kN/m（倍率1.0、長さ1.0mの耐力壁の基準耐力）×2.7m（標準壁高さ）で除した数値です。下記の式で与えられます。

$$N値 = \frac{引抜き力\ T(kN)}{1.96 \times 2.7}$$

表 10.7　A1、A2 の補正値の一覧

①筋かいが片側から取付く柱

筋かいの種類 ＼ 取付く位置	柱頭部	柱脚部	備考	図例
厚さ15mm以上×幅90mm以上の木材又はφ9mm以上の鉄筋	0.0	0.0	たすき掛けの筋かいの場合には、0とする。	
厚さ30mm以上×幅90mm以上の木材	0.5	−0.5		
厚さ45mm以上×幅90mm以上の木材	0.5	−0.5		
厚さ90mm以上×幅90mm以上の木材	2.0	−2.0		

②筋かいが両側から取付く柱
a）両側が片筋かいの場合（いずれも柱頭部に取付く場合）

他方の筋かい ＼ 一方の筋かい	厚さ15mm以上×幅90mm以上の木材又はφ9mm以上の鉄筋	厚さ30mm以上×幅90mm以上の木材	厚さ45mm以上×幅90mm以上の木材	厚さ90mm以上×幅90mm以上の木材	備考	図例
厚さ15mm以上×幅90mm以上の木材又はφ9mm以上の鉄筋	0	0.5	0.5	2.0	両筋かいがともに柱脚部に取付く場合には、加算する数値を0とする。	
厚さ30mm以上×幅90mm以上の木材	0.5	1.0	1.0	2.5		
厚さ45mm以上×幅90mm以上の木材	0.5	1.0	1.0	2.5		
厚さ90mm以上×幅90mm以上の木材	2.0	2.5	2.5	4.0		

a’）両側が片筋かいの場合（一方の筋かいが柱頭部に、他方の筋かいが柱脚部に取付く場合）

柱頭部に取付く筋かい ＼ 柱脚部に取付く筋かい	厚さ15mm以上×幅90mm以上の木材又はφ9mm以上の鉄筋	厚さ30mm以上×幅90mm以上の木材	厚さ45mm以上×幅90mm以上の木材	厚さ90mm以上×幅90mm以上の木材	備考	図例
厚さ15mm以上×幅90mm以上の木材又はφ9mm以上の鉄筋	0	−0.5	−0.5	2.0	両筋かいがともに柱脚部に取付く場合には、加算する数値を0とする。	
厚さ30mm以上×幅90mm以上の木材	0.5	0.5	0	1.5		
厚さ45mm以上×幅90mm以上の木材	0.5	0.5	0.5	1.5		
厚さ90mm以上×幅90mm以上の木材	2.0	1.5	1.5	2.0		

b) 一方がたすき掛けの筋かい、他方が柱頭部に取付く片筋かいの場合

たすき掛けの筋かい \ 片筋かい	厚さ15mm以上×幅90mm以上の木材又はφ9mm以上の鉄筋	厚さ30mm以上×幅90mm以上の木材	厚さ45mm以上×幅90mm以上の木材	厚さ90mm以上×幅90mm以上の木材	図例
厚さ15mm以上×幅90mm以上の木材又はφ9mm以上の鉄筋	0	0.5	0.5	2.0	
厚さ30mm以上×幅90mm以上の木材	0	0.5	0.5	2.0	
厚さ45mm以上×幅90mm以上の木材	0	0.5	0.5	2.0	
厚さ90mm以上×幅90mm以上の木材	0	0.5	0.5	2.0	

b') 一方がたすき掛けの筋かい、他方が柱脚部に取付く片筋かいの場合
加算しない。

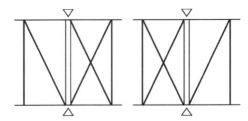

c) 両側がたす掛けの筋かいの場合
加算しない。

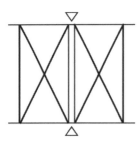

「2015年版 建築物の構造関係技術基準解説書」 全国官報販売協同組合 より転載（図例を付加し改変）

② 柱脚金物の許容耐力から引抜き力を算定する方法[1]

ここでは、柱脚金物の仕様から柱脚に生じる引抜き力 T を求める方法を紹介します。

柱脚に生じる引抜き力として、柱脚金物の許容耐力を用いる方法です。使用されている金物の耐力を柱脚部に生じる力（の最大）と仮定しています。この方法によれば、水平荷重時の応力は安全側の数値となります。

表10.8　N値計算結果と柱脚金物一覧金物

Nの値		接合金物	許容耐力（kN）
0	（い）	短ほぞ差し	0.00
		かすがい	1.62
0.65	（ろ）	長ほぞ差し込み栓	3.81
		かど金物　CP-L	3.38
1.00	（は）	かど金物 CP-T	5.07
		山形プレート　VP	5.88
1.40	（に）	羽子板金物又は短冊金物（スクリュー釘なし）	7.50
1.60	（ほ）	羽子板金物又は短冊金物（スクリュー釘あり）	8.50
1.80	（へ）	ホールダウン金物　HD-10	10.00
2.80	（と）	ホールダウン金物　HD-15	15.00
3.70	（ち）	ホールダウン金物　HD-20	20.00
4.70	（り）	ホールダウン金物　HD-25	25.00
5.60	（ぬ）	ホールダウン金物　HD-15 × 2 個	30.00
7.50	（る）	ホールダウン金物　HD-20 × 2 個	40.00

注）HD-15以上を1階の柱脚に使用する場合は基礎埋め込みボルトに緊結とする。

[1] この方法は、壁倍率や柱脚のN値が不明の場合に用いる方法です。便宜上、金物の許容応力を使うので、存在する応力（地震時に生じる引抜き力）とは異なります。

この方法を用いると、安全側にはなりますが、ややオーバースペックになることもあります。

(4) 水平荷重による応力算定

① 曲げモーメントの算定

N値あるいは柱脚金物の許容引抜き耐力等から引抜き力を算定し、その引抜き力 T から基礎梁に生じる曲げモーメントを以下の式で算定します。

$$M_水 = L_C \times T$$

$M_水$：水平荷重によるモーメント
L_c：耐力要素の長さ
T：柱脚接合部の必要引抜き耐力（kN）

ここで算出される曲げモーメント M は耐力要素の中心の曲げモーメントであり、基礎梁の断面算定で使用する応力は耐力要素のフェイス位置[2]での応力であることに注意してください。

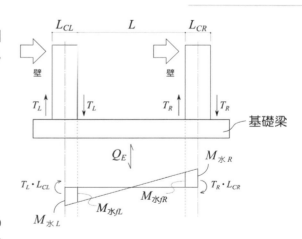

図10.18　基礎梁に生じる曲げモーメント

[2] フェイス位置とは、耐力壁の壁端柱の中心位置のことです。

② せん断力の算定

$$Q_水 = \frac{M_{水fL} + M_{水fR}}{L}$$

$Q_水$：水平荷重によるせん断力
$M_水$：水平荷重による耐力壁中心のモーメント

> **ポイント**
>
> N値は、水平荷重時の耐力壁端の柱軸力（引抜き力）に、長期荷重時の柱軸力や梁の抑え効果と直交する架構による抑え効果を考慮し算定します。
> したがって、水平荷重だけによる壁端柱の引抜き力とは異なります。N値から算定した引抜き力を基にした応力は、短期荷重時応力とみなすのが合理的ですが、ここでは安全を考慮し水平荷重時応力として扱います。
> 以後の断面算定等に関しては、長期荷重時応力と組み合わせて進めることにします。

フェイス位置での曲げモーメントの算出方法

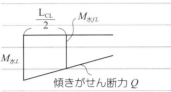

$$M_{水fL} = M_{水L} - \frac{L_{CL}}{2}Q$$

傾きがせん断力 Q

(5) 短期荷重時の応力算定

短期荷重時の応力は、長期荷重による応力と地震時などに生じる水平荷重時応力との組み合わせになります。

① 曲げモーメントの算定
端部
$$M_短 = M_{長端} + M_{水fL}$$
$$M_短 = M_{水fR} - M_{長端}$$

中央部
$$M_短 = M_長$$

② せん断力の算定
せん断力は、以下のようになります。

$$Q_短 = Q_長 + 1.5 \times Q_水$$

Q_L：長期荷重時のせん断力
$Q_水$：水平荷重によるせん断力
1.5：せん断増加係数（1.0～1.5）[1]

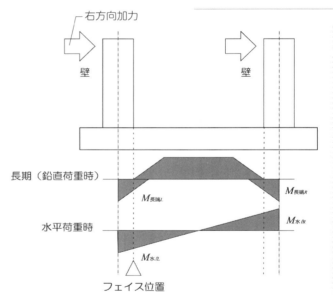

図 10.19 基礎梁の応力（右方向加力）

[1) せん断力に対する必要な断面算定を行いますが、ここでは安全を考慮し、せん断増加係数を 1.5 とします。

10.3.2 基礎梁の断面算定

基礎梁の断面算定の方法を以下に示します。断面算定では、曲げモーメント、せん断力から、配筋の断面積（径、本数）を決定します。

(1) 応力をもとに断面算定を行います
① 曲げモーメントの検討

$$M \leq a_t \cdot f_t \cdot j \Rightarrow \text{必要鉄筋断面積} \quad a_t \geq \frac{M}{f_t \cdot j}$$

a_t：引張側鉄筋の断面積 （mm²）
f_t：鉄筋の引張許容応力度 （N/mm²）
j：$\frac{7}{8}d$ （mm）
　　d：主筋の中心から圧縮側最外縁までの距離 （mm）

② せん断力の検討

$$Q_a = b \cdot j \cdot \{\alpha \cdot f_s - 0.5 \cdot {_w}f_t \cdot (p_w - 0.002)\}$$

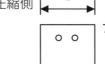

Q_a：基礎梁の許容せん断耐力
b　：基礎梁幅
α　：1.0
f_s　：コンクリートの許容せん断応力度
${_w}f_t$：せん断補強筋の許容引張応力度
P_w：あばら筋比

(2) 主筋の中心から圧縮側最外縁までの距離 d
　主筋の中心から圧縮側最外縁までの距離 d は、断面算定する位置によって異なります。算定された断面と平12建告第1347号の仕様規定を考慮し、安全側の断面とします。

α：αは梁のせん断スパン比 $\frac{M}{Q \cdot d}$ による割増係数。

$$\alpha = \frac{4}{\frac{M}{Q \cdot d} + 1} \quad かつ、1 \leq \alpha \leq 4$$

ここでは安全を考慮し、α=1 とします。

(1) 応力をもとに断面算定をします。
　① 曲げモーメントの検討
　　設計用曲げモーメント（長期、短期）から主筋の算定を行います。
　　曲げモーメントが下側　→基礎梁の上側が圧縮側、下側が引張側になります。
　　曲げモーメントが上側　→基礎梁の下側が圧縮側、上側が引張側になります。

$$M \leq a_t \cdot f_t \cdot j \rightarrow \boxed{\text{主筋の必要断面積：} a_t \geq \frac{M}{f_t \cdot j}}$$

a_t：引張側鉄筋の断面積 （mm²）
f_t：鉄筋の引張許容応力度 （N/mm²）
j：$\frac{7}{8}d$ （mm）
　　d：主筋の中心から圧縮側最外縁までの距離 （mm）

算定は、長期荷重時ならびに短期荷重時のそれぞれ端部、中央部について行います。

② せん断力の検討
　端部フック付を用いたとき（端部フック付　図 10.20 参照）の基礎梁の長期、および、短期の許容せん断耐力は以下によります。

$$Q_a = b \cdot j \cdot \{\alpha \cdot f_s + 0.5 \cdot {}_w f_t \cdot (p_w - 0.002)\}$$
$$= b \cdot j \cdot \alpha \cdot f_s + 0.5 \cdot {}_w f_t \cdot b \cdot j \cdot (p_w - 0.002)$$

　　　コンクリートの　　　　せん断補強筋の
　　　せん断耐力　　　　　　せん断耐力

　　Q_a：基礎梁の許容せん断耐力
　　b　：基礎梁幅
　　α　：1.0
　　f_s　：コンクリートの許容せん断応力度
　　${}_w f_t$：せん断補強筋の許容応力度
　　p_w：あばら筋比

　せん断力の検討は、以下の手順（設計用せん断力 Q（長期、短期）と $b \cdot j \cdot \alpha \cdot f_s$ の比較）で検討を行います。

1）コンクリート断面のみで、せん断耐力と設計用せん断力の比較を行います。

$$Q \leqq b \cdot j \cdot \alpha \cdot f_s$$

　であれば、コンクリートの断面のせん断耐力のみで、設計用せん断力を満足しています。この場合、せん断補強筋は、平 12 建告第 1347 号にある仕様規定とします。

2）1）を満足できなければ、せん断補強筋（あばら筋比）を考慮した内容で検討します。

$$Q > b \cdot j \cdot \alpha \cdot f_s$$

　であれば、コンクリートの断面のせん断耐力のみでは、設計用せん断力を満足しません。この場合、せん断補強筋を考慮した検討が必要となります。

$$Q_a = b \cdot j \cdot \{\alpha \cdot f_s + 0.5 \cdot {}_w f_t \cdot (p_w - 0.002)\}$$

　　⇒ p_w の算定 [1]
　　⇒せん断補強筋の配筋ピッチを算定。
　　　（平 12 建告第 1347 号との比較を行う）

1）p_w の算定を次頁に示します。

<参考> p_w の算定方法

設計用せん断力 Q が基礎梁のコンクリート断面の許容せん断耐力 $b \cdot j \cdot \alpha \cdot f_s$ より大きいときには、せん断補強筋によるせん断耐力を考慮した基礎梁の許容せん断耐力で検討します。
あばら筋比 p_w は以下のように算定をします。

$$p_w = \frac{\alpha_w}{b \cdot x}$$

α_w：1 組のあばら筋の断面積
b　：梁、柱の幅
x　：あばら筋の間隔

例）基礎梁幅 $b=15$cm
せん断補強筋が D10@200 のとき、以下のようになります。

$$p_w = \frac{\alpha_w}{b \cdot x} = \frac{0.71}{15 \times 20} = 0.0023$$

<参考>せん断補強筋に関する規定

平 12 建告第 1347 号のべた基礎ならびに布基礎の規定に、基礎梁（立ち上がり部分）の配筋に関する下記のような規定があります。
この規定は基礎梁の主筋とせん断補強筋との接合に関するもので、このことからせん断補強筋はフック付きの鉄筋などを用いて主筋と緊結する必要があるとされています。

例）べた基礎の規定
五　鉄筋コンクリート造とする場合には、次に掲げる基準に適合したものであること。
　イ　立上り部分の主筋として径 12mm 以上の異形鉄筋を、立上り部分の上端及び立上り部分の下部の底盤にそれぞれ 1 本以上配置し、かつ、補強筋と緊結したものとすること。

コーヒーブレイク　**住宅基礎用せん断補強筋の仕様**

①　せん断補強筋はフック付きの鉄筋を用います。
②　フック無しの組み立て鉄筋を用いる場合は、特別な調査研究を行うか、あるいは第三者機関の認証等を取得しているものを用いることが必要です。

(2) 梁の主筋と d の関係

　主筋の鉄筋径・鉄筋本数により d（圧縮側のコンクリート外縁から引張鉄筋の中心までの距離）の数値は変化します。主筋は 1～2 本の配筋となることが考えられますが、2 本の場合は図のように、鉄筋の中心間隔を a とした 2 段の配筋となります。

　なお、主筋が 2 段配筋になる場合は、主筋の間隔 a は次の①～③のように定められています。

① 鉄筋の呼び名数値 d（例えば D13 ⇒ 13mm）の 1.5 倍 + 最外径 D（例えば D13 ⇒ 14mm）

② 粗骨材最大寸法の 1.25 倍 + 最外径 D

③ 25mm + 最外径 D

　鉄筋の最外径は、（一社）日本建築学会「鉄筋コンクリート造配筋指針・同解説」によると、

　　D10 ⇒ D=11mm、
　　D13 ⇒ D=14mm、
　　D16 ⇒ D=18mm　となります。

　ここでは、下端の主筋断面積を求めるときの d を $d_下$、上端の主筋断面積を求めるときの d を $d_上$ とします。d は主筋の径ならびにせん断補強筋の径によって異なりますが、一般的には主筋は D13 あるいは D16、せん断補強筋は D10 を用い、主筋については大きな応力が生じる場合などは 2 本の D13、D16 を用いる（2 段配筋）こともあります。

　参考として次頁に 2 段配筋のときの d の算定について記載します。

　なお、コンクリートの端部から鉄筋表面までのかぶり厚さについては、一般部が 40mm、土と接する部分は 60mm とされています。

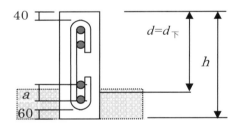

図 10.20　2 段配筋概要

> **ポイント**　2段配筋のときの d の算定式

2段配筋のときの d の算定式を以下に示します。

$$d = h - \left\{ \text{かぶり厚さ} + \text{せん断補強筋の最外径D} + \text{1段目の主筋最外径}\frac{D}{2} + \frac{\text{1段目と2段目の主筋の中心間距離}a}{2} \right\}$$

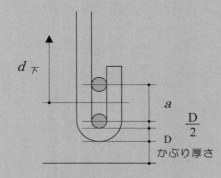

　2段の主筋の中心間隔 a を③のケースとし、主筋を1段ならびに2段配筋として用いる場合の d の値を算定すると、その結果は下記のようになります。

表10.9　主筋をD13としたとき

主筋種類・本数	上端主筋（かぶり厚さ40mm）		下端主筋（かぶり厚さ60mm）	
	$d_上$	鉄筋の中心までの距離	$d_下$	鉄筋の中心までの距離
1－D13	$h-58$	40+11+7＝58	$h-78$	60+11+7＝78
2－D13	$h-77.5$	40+11+7＋（25+14）/2＝77.5	$h-97.5$	60+11+7＋（25+14）/2＝97.5

表10.10　主筋をD16としたとき

主筋種類・本数	上端主筋（かぶり厚さ40mm）		下端主筋（かぶり厚さ60mm）	
	$d_上$	鉄筋の中心までの距離	$d_下$	鉄筋の中心までの距離
1－D16	$h-60$	40+11+9＝60	$h-80$	60+11+9＝80
2－D16	$h-81.5$	40+11+9＋（25+18）/2＝81.5	$h-101.5$	60+11+9＋（25+18）/2＝101.5

ひとりでやってみよう6

■ べた基礎の長期荷重時の基礎梁の応力算定を行います。

梁の長期荷重時応力算定は X0、X4 通りと Y0 通りについて行い、断面算定は X0 通りと Y0 通りについて行います。

memo

ここでは図 10.21 に示す各通りについて応力算定ならびに断面算定を行います。実際の設計では、すべての通りの応力算定ならびに梁の断面算定を行うことが原則です。

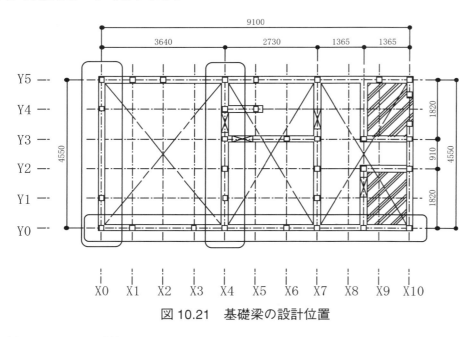

図 10.21 基礎梁の設計位置

X4 通りについては Y1、Y2、Y3、Y4 の柱軸力を無視して計算します。実際には柱軸力が発生しますが、軸力と地反力は相殺され、長期応力は小さくなります。したがって、Y1、Y2、Y3、Y4 を無視して断面算定を行うと安全側の評価を行うことができます。

(1) X4 通りの計算を行います。

① 荷重のモデル化

荷重は、地盤から上向きに生じる地反力から下向きに生じる基礎梁の自重を差し引いた値になります。

X4 通りの基礎梁部分を取り出すと図 10.22 のようになります。応力の算定をするため、荷重を分解します。

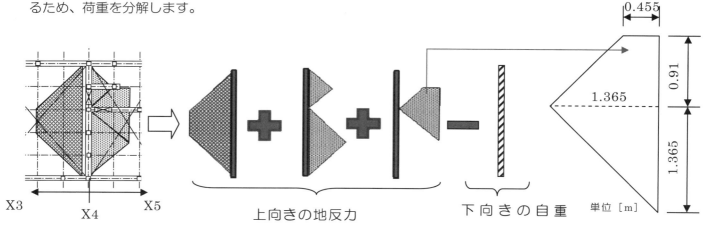

図 10.22 X4 通り Y0-Y5 の基礎梁の荷重分担図

図 10.22 の荷重による応力算定を容易にするために、荷重の状態を図 10.23 のようにモデル化します。

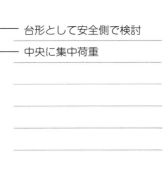

図 10.23　X4 通り Y0-Y5 の基礎梁の設計荷重モデル

② 応力の算定

上向きに生じる設計用荷重は、底盤スラブの設計に用いた有効地反力σ'を用います。

$$w = \sigma' = \sigma - 24 \times t - 1.55 = 6.39 \ (kN/m^2)$$

設計荷重　$w' = w \cdot h = 6.39 \times 3.64 \div 2 = \langle 56 \quad \rangle \ (kN/m)$

1) 応力 A 状態の C、M_0、Q を求めます

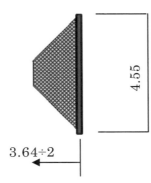

荷重状態は、表 10.6（p.92）のタイプ 1 を用います。

　$a = 1.82m$ ・・・・X0－X4 が 3.64m　⇒　$h = a = 3.64 \div 2 = 1.82$
　$L = 4.55m$

端部の固定端モーメント C　(kN·m)

$$C = \frac{w'}{12 \cdot L}(L^3 - 2a^2 \cdot L + a^3) = \frac{\langle 56 \quad \rangle}{12 \times 4.55}(4.55^3 - 2 \times 1.82^2 \times 4.55 + 1.82^3) = \langle 57 \quad \rangle$$

単純梁の中央曲げモーメント M_0　(kN·m)

$$M_0 = \frac{w'}{24}(3L^2 - 4a^2) = \frac{\langle 56 \quad \rangle}{24}(3 \times 4.55^2 - 4 \times 1.82^2) = \langle 58 \quad \rangle$$

せん断力 Q　(kN)

$$Q = \frac{L-a}{2} \times w' = \frac{4.55 - 1.82}{2} \times \langle 56 \quad \rangle = \langle 59 \quad \rangle$$

2) 応力 B 状態の C、M_0、Q を求めます。

応力 B

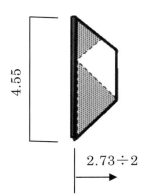

応力算定を容易にすることと安全を考慮し、荷重状態は表 10.6（p.92）のタイプ 1 として算定をします。
　地反力は応力 A と同様に応力算定を行います。

設計荷重　$w' = w \cdot h = 6.39 \times 2.73 \div 2 = \langle^{60}\quad\rangle$　(kN/m)

$a = \langle^{61}\quad\rangle$

端部の固定端モーメント C　(kN·m)

$$C = \frac{w'}{12 \cdot L}(L^3 - 2a^2 \cdot L + a^3) = \frac{\langle^{60}\quad\rangle}{12 \times 4.55}(4.55^3 - 2 \times \langle^{61}\quad\rangle^2 \times 4.55 + \langle^{61}\quad\rangle^3) = \langle^{62}\quad\rangle$$

単純梁の中央曲げモーメント M_0　(kN·m)

$$M_0 = \frac{w'}{24}(3L^2 - 4a^2) = \frac{\langle^{60}\quad\rangle}{24}(3 \times 4.55^2 - 4 \times \langle^{61}\quad\rangle^2) = \langle^{63}\quad\rangle$$

せん断力 Q　(kN)

$$Q = \frac{L-a}{2} \times w' = \frac{4.55 - \langle^{61}\quad\rangle}{2} \times \langle^{60}\quad\rangle = \langle^{64}\quad\rangle$$

3) 応力 C 状態の C、M_0、Q を求めます。

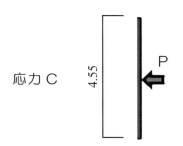

集中荷重 P を算定します。

集中荷重 P は、上向きの地反力から Y3 通りの基礎梁自重分の荷重を引いた値です。なお、安全を考慮し集中荷重 P が作用する位置は中央とし Y4 通りの基礎梁自重分は無視します。

$$P = \underbrace{\left(\frac{1.365 + 0.455}{2} \times 0.91 + \frac{1.365 \times 1.365}{2}\right) \times 6.39}_{\text{地反力による荷重}} - \underbrace{24 \times 0.15 \times 0.35 \times 1.365}_{\text{基礎梁自重による荷重}}$$

$P = 9.51$ (kN)

$$a = b = \frac{4.55}{2} = \langle 65 \quad \rangle$$

表 10.6（p.92）のタイプ 4 として応力を算定します。

端部の固定端モーメント C （kN·m）

$$C = \frac{P \cdot a \cdot b^2}{L^2} = \frac{9.51 \times \langle 65 \quad \rangle \times \langle 65 \quad \rangle^2}{4.55^2} = \langle 66 \quad \rangle$$

単純梁の中央曲げモーメント M_0 （kN·m）

$$M_0 = \frac{P \cdot a \cdot b}{L} = \frac{9.51 \times \langle 65 \quad \rangle \times \langle 65 \quad \rangle}{4.55} = \langle 67 \quad \rangle$$

せん断力 Q （kN）

$$Q = \frac{P \cdot a}{L} = \frac{P \cdot b}{L} = \frac{9.51 \times \langle 65 \quad \rangle}{4.55} = \langle 68 \quad \rangle$$

4) 応力 D 状態の C、M_0、Q を求めます。

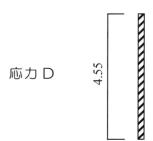

応力 D　4.55

荷重は基礎梁の自重とし、表 10.6（p.92）のタイプ 3 として算定します。

$w' = 24 \times 0.15 \times 0.35 = 1.26$ 　(kN/m)

端部の固定端モーメント C　(kN·m)

$$C = \frac{w' \cdot L^2}{12} = \frac{1.26 \times 4.55^2}{12} = \langle^{69} \quad \rangle$$

単純梁の中央曲げモーメント M_0　(kN·m)

$$M_0 = \frac{w' \cdot L^2}{8} = \frac{1.26 \times 4.55^2}{8} = \langle^{70} \quad \rangle$$

せん断力 Q　(kN)

$$Q = \frac{w' \cdot L}{2} = \frac{1.26 \times 4.55}{2} = \langle^{71} \quad \rangle$$

③ 組み合わせ応力の算出

応力 A から応力 D までの組み合わせ応力を算出します。

このとき応力 A、応力 B、応力 C は地反力によるものなので、上向きの設計荷重になり、応力 D は自重によるものなので、下向きの設計荷重になる点に注意が必要です。

端部の固定端モーメント C （kN·m）

$$C = \langle {}^{57} \qquad \rangle + \langle {}^{62} \qquad \rangle + \langle {}^{66} \qquad \rangle - \langle {}^{69} \qquad \rangle = \langle {}^{72} \qquad \rangle$$

単純梁の中央曲げモーメント M_0 （kN·m）

$$M_0 = \langle {}^{58} \qquad \rangle + \langle {}^{63} \qquad \rangle + \langle {}^{67} \qquad \rangle - \langle {}^{70} \qquad \rangle = \langle {}^{73} \qquad \rangle$$

せん断力 Q （kN）

$$Q = \langle {}^{59} \qquad \rangle + \langle {}^{64} \qquad \rangle + \langle {}^{68} \qquad \rangle - \langle {}^{71} \qquad \rangle = \langle {}^{74} \qquad \rangle$$

④ 梁の断面算定用応力の算出

X4 通り Y0 － Y5 間は 1 スパンなので、両端の曲げモーメントならびに中央の曲げモーメントとせん断力は次のようになります。

$$M_{長端} = 0.6 \times \langle {}^{72} \qquad \rangle = \langle {}^{75} \qquad \rangle \quad (kN \cdot m)$$

$$M_{長中} = \langle {}^{73} \qquad \rangle - 0.35 \times \langle {}^{72} \qquad \rangle = \langle {}^{76} \qquad \rangle \quad (kN \cdot m)$$

$$Q = \langle {}^{74} \qquad \rangle \quad (kN)$$

$M_{長端}$：長期荷重時端部の曲げモーメント

$M_{長中}$：長期荷重時中間部の曲げモーメント

(2) X0通りの計算を行います
① 荷重のモデル化
　X0通りの基礎梁部分を取り出すと図10.24の左図のようになります。応力の算定をするため、荷重を図10.24の右図のように分解します。

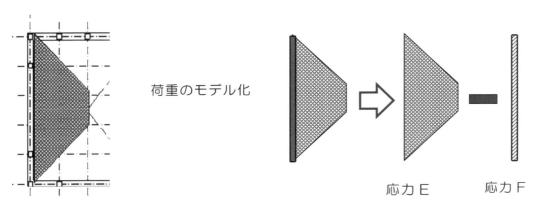

図10.24　X0通り Y0-Y5の基礎梁の設計荷重モデル

② 応力の算定
　上向きに生じる設計用荷重は、底盤スラブの設計に用いた有効地反力 を用います。

$$w = \sigma' = \sigma - (24 \times t + 1.55) = 6.39 \ (kN/m^2)$$

設計荷重　$w' = w \cdot h = 6.39 \times 3.64 \div 2 = \langle 56 \quad \rangle$ (kN/m)

1) 応力E状態の C、M_0、Q を求めます[1]

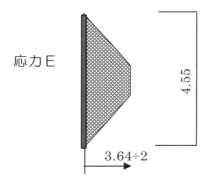

[1) X0通りの応力E、応力F状態は、X4通りの応力A、応力D状態と同じです。]

荷重状態は表10.6（p.92）のタイプ1を用います。
　$a = 1.82$m ・・・・X0 − X4 が 3.64m ⇒ $a = 3.64 \div 2$
　$L = 4.55$m

端部の固定端モーメント C (kN·m)

$$C = \frac{w'}{12 \cdot L}(L^3 - 2a^2 \cdot L + a^3) = \frac{\langle 56 \quad \rangle}{12 \times 4.55}(4.55^3 - 2 \times 1.82^2 \times 4.55 + 1.82^3) = \langle 57 \quad \rangle$$

単純梁の中央曲げモーメント M_0 （kN・m）

$$M_0 = \frac{w'}{24}(3L^2 - 4a^2) = \frac{\langle 56 \qquad \rangle}{24}(3 \times 4.55^2 - 4 \times 1.82^2) = \langle 58 \qquad \rangle$$

せん断力 Q （kN）

$$Q = \frac{L-a}{2} \times w' = \frac{4.55 - 1.82}{2} \times \langle 56 \qquad \rangle = \langle 59 \qquad \rangle$$

2）応力 F 状態の C、M_0、Q を求めます

応力 F 　　4.55

荷重は基礎梁の自重とし、表 10.6（p.92）のタイプ 3 として算定します。

$w' = 24 \times 0.15 \times 0.35 = 1.26$ （kN/m）

端部の固定端モーメント C （kN・m）

$$C = \frac{w' \cdot L^2}{12} = \frac{1.26 \times 4.55^2}{12} = \langle 69 \qquad \rangle$$

単純梁の中央曲げモーメント M_0 （kN・m）

$$M_0 = \frac{w' \cdot L^2}{8} = \frac{1.26 \times 4.55^2}{8} = \langle 70 \qquad \rangle$$

せん断力 Q （kN）

$$Q = \frac{w' \cdot L}{2} = \frac{1.26 \times 4.55}{2} = \langle 71 \qquad \rangle$$

③　組み合わせ応力の算出

応力 E と応力 F の組み合わせ応力を算出します。

このとき応力 E は地反力によるものなので、上向きの設計荷重になり、応力 F は自重によるものなので、下向きの設計荷重になる点に注意が必要です。

端部の固定端モーメント C （kN・m）

$$C = \langle 57 \qquad \rangle - \langle 69 \qquad \rangle = \langle 77 \qquad \rangle$$

単純梁の中央曲げモーメント M_0 （kN・m）

$$M_0 = \langle 58 \qquad \rangle - \langle 70 \qquad \rangle = \langle 78 \qquad \rangle$$

せん断力 Q （kN）

$$Q = \langle^{59} \quad \rangle - \langle^{71} \quad \rangle = \langle^{79} \quad \rangle$$

④　梁の断面算定用応力の算出

　X0 通り Y0 － Y5 間は 1 スパンなので、両端の曲げモーメントならびに中央の曲げモーメントとせん断力は次のようになります。

$$M_{長端} = 0.6 \times \langle^{77} \quad \rangle = \langle^{80} \quad \rangle \ (kN \cdot m)$$

$$M_{長中} = \langle^{78} \quad \rangle - 0.35 \times \langle^{77} \quad \rangle = \langle^{81} \quad \rangle \ (kN \cdot m)$$

$$Q = \langle^{79} \quad \rangle \ (kN)$$

$M_{長端}$：長期荷重時端部の曲げモーメント
$M_{長中}$：長期荷重時中間部の曲げモーメント

(3) Y0通りの計算を行います。
① 応力の算定

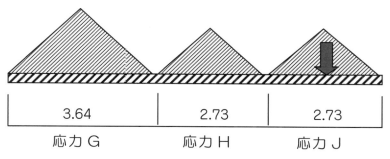

図10.25 Y0通りの基礎梁の設計荷重モデル

1) 応力G状態のC、M_0、Qを求めます

荷重状態を表10.6（p.92）のタイプ2、基礎ばりの自重を、タイプ3を用いてそれぞれの応力を算定します。

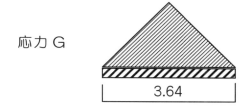

ⅰ) 地反力による設計荷重
地反力による設計荷重をタイプ2として算定します。

$$w' = w \cdot h = 6.39 \times 3.64 \div 2 = 11.63 \ (kN/m^2)$$

端部の固定端モーメント C （kN·m）

$$C = \frac{5}{96} \cdot w' \cdot L^2 = \frac{5 \times 11.63 \times \langle 82 \quad \rangle^2}{96} = \langle 83 \quad \rangle$$

単純梁の中央曲げモーメント M_0 （kN·m）

$$M_0 = \frac{w' \cdot L^2}{12} = \frac{11.63 \times \langle 82 \quad \rangle^2}{12} = \langle 84 \quad \rangle$$

せん断力 （kN）

$$Q = \frac{w' \cdot L}{4} = \frac{11.63 \times \langle 82 \quad \rangle}{4} = \langle 85 \quad \rangle$$

ii）基礎ばりの自重による設計荷重

　荷重は基礎梁の自重とし、表 10.6（p.92）のタイプ 3 として算定します。

$$w' = 24 \times 0.15 \times 0.35 = 1.26 \quad (\text{kN/m})$$

端部の固定端モーメント C　（kN·m）

$$C = \frac{w' \cdot L^2}{12} = \frac{1.26 \times \langle^{82} \quad \rangle^2}{12} = \langle^{86} \quad \rangle$$

単純梁の中央曲げモーメント M_0　（kN·m）

$$M_0 = \frac{w' \cdot L^2}{8} = \frac{1.26 \times \langle^{82} \quad \rangle^2}{8} = \langle^{87} \quad \rangle$$

せん断力 Q　（kN）

$$Q = \frac{w' \cdot L}{2} = \frac{1.26 \times \langle^{82} \quad \rangle}{2} = \langle^{88} \quad \rangle$$

iii）　組み合わせ応力の算定

　応力の組み合わせを算出します。地反力は上向き、基礎梁自重は下向きになります。

端部の固定端モーメント C　（kN·m）

$$C = \langle^{83} \quad \rangle - \langle^{86} \quad \rangle = \langle^{89} \quad \rangle$$

単純梁の中央曲げモーメント M_0　（kN·m）

$$M_0 = \langle^{84} \quad \rangle - \langle^{87} \quad \rangle = \langle^{90} \quad \rangle$$

せん断力 Q　（kN）

$$Q = \langle^{85} \quad \rangle - \langle^{88} \quad \rangle = \langle^{91} \quad \rangle$$

2) 応力 H 状態の C、M_0、Q を求めます。
　荷重状態を表 10.6（p.92）のタイプ 2、基礎ばりの自重を、タイプ 3 を用いてそれぞれの応力を算定します。

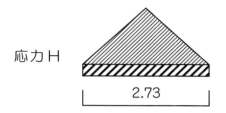

ⅰ）地反力による設計荷重
　地反力による設計荷重をタイプ 2 として算定します。

$$w' = w \cdot h = 6.39 \times \langle^{92}\quad\rangle \div 2 = \langle^{93}\quad\rangle \quad (kN/m^2)$$

端部の固定端モーメント C　（kN・m）

$$C = \frac{5}{96} \cdot w' \cdot L^2 = \frac{5 \times \langle^{93}\quad\rangle \times \langle^{94}\quad\rangle^2}{96} = \langle^{95}\quad\rangle$$

単純梁の中央曲げモーメント M_0　（kN・m）

$$M_0 = \frac{w' \cdot L^2}{12} = \frac{\langle^{93}\quad\rangle \times \langle^{94}\quad\rangle^2}{12} = \langle^{96}\quad\rangle$$

せん断力 Q　（kN）

$$Q = \frac{w' \cdot L}{4} = \frac{\langle^{93}\quad\rangle \times \langle^{94}\quad\rangle}{4} = \langle^{97}\quad\rangle$$

ⅱ）基礎ばりの自重による設計荷重
　荷重は基礎梁の自重とし、表 10.6（p.92）のタイプ 3 として算定します。

$$w' = 24 \times 0.15 \times 0.35 = 1.26 \quad (kN/m)$$

端部の固定端モーメント C　（kN・m）

$$C = \frac{w' \cdot L^2}{12} = \frac{1.26 \times \langle^{94}\quad\rangle^2}{12} = \langle^{98}\quad\rangle$$

単純梁の中央曲げモーメント M_0　（kN・m）

$$M_0 = \frac{w' \cdot L^2}{8} = \frac{1.26 \times \langle^{94}\quad\rangle^2}{8} = \langle^{99}\quad\rangle$$

せん断力 Q （kN）

$$Q = \frac{w' \cdot L}{2} = \frac{1.26 \times \langle^{94} \quad \rangle}{2} = \langle^{100} \quad \rangle$$

ⅲ) 組み合わせ応力の算出

応力の組み合わせを算出します。地反力は上向き、基礎梁自重は下向きになります。

端部の固定端モーメント C （kN·m）

$$C = \langle^{95} \quad \rangle - \langle^{98} \quad \rangle = \langle^{101} \quad \rangle$$

単純梁の中央曲げモーメント M_0 （kN·m）

$$M_0 = \langle^{96} \quad \rangle - \langle^{99} \quad \rangle = \langle^{102} \quad \rangle$$

せん断力 Q （kN）

$$Q = \langle^{97} \quad \rangle - \langle^{100} \quad \rangle = \langle^{103} \quad \rangle$$

3) 応力 J 状態の C、M_0、Q を求めます

荷重状態を表 10.6（p.92）のタイプ 2、基礎ばりの自重をタイプ 3、集中荷重を、タイプ 4 を用いてそれぞれの応力を算定します。

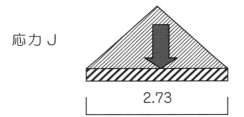

ⅰ) 地反力による設計荷重

地反力による設計荷重をタイプ 2 として算定します。

$$w' = w \cdot h = 6.39 \times 2.73 \div 2 = \langle^{104} \quad \rangle \quad (kN/m^2)$$

端部の固定端モーメント C （kN·m）

$$C = \frac{5}{96} \cdot w' \cdot L^2 = \frac{5 \times \langle^{104} \quad \rangle \times \langle^{105} \quad \rangle^2}{96} = \langle^{106} \quad \rangle$$

単純梁の中央曲げモーメント M_0 （kN·m）

$$M_0 = \frac{w' \cdot L^2}{12} = \frac{\langle^{104} \quad \rangle \times \langle^{105} \quad \rangle^2}{12} = \langle^{107} \quad \rangle$$

せん断力 Q 　(kN)

$$Q = \frac{w' \cdot L}{4} = \frac{\langle^{104}\qquad\rangle \times \langle^{105}\qquad\rangle}{4} = \langle^{108}\qquad\rangle$$

ⅱ) 基礎ばりの自重による設計荷重

　荷重は基礎梁の自重とし、表10.6（p.92）のタイプ3として算定します。

$$w' = 24 \times 0.15 \times 0.35 = 1.26 \quad (kN/m)$$

端部の固定端モーメント C 　(kN·m)

$$C = \frac{w' \cdot L^2}{12} = \frac{1.26 \times \langle^{105}\qquad\rangle^2}{12} = \langle^{109}\qquad\rangle$$

単純梁の中央曲げモーメント M_0 　(kN·m)

$$M_0 = \frac{w' \cdot L^2}{8} = \frac{1.26 \times \langle^{105}\qquad\rangle^2}{8} = \langle^{110}\qquad\rangle$$

せん断力 Q 　(kN)

$$Q = \frac{w' \cdot L}{2} = \frac{1.26 \times \langle^{105}\qquad\rangle}{2} = \langle^{111}\qquad\rangle$$

ⅲ) 集中荷重による設計荷重

　荷重 P は直交する基礎梁の自重 L=1.365m 分とします。ただし、基礎底盤から上の荷重分とし方向は下向きとなります。

$$P = 24 \times 0.15 \times 0.35 \times 1.365 = 1.72 \quad (kN)$$

端部の固定端モーメント C 　(kN·m)

$$C = \frac{P \cdot a \cdot b^2}{L^2} = \frac{1.72 \times \langle^{112}\qquad\rangle \times \langle^{112}\qquad\rangle^2}{\langle^{105}\qquad\rangle^2} = \langle^{113}\qquad\rangle$$

単純梁の中央曲げモーメント M_0 　(kN·m)

$$M_0 = \frac{P \cdot a \cdot b}{L} = \frac{1.72 \times \langle^{112}\qquad\rangle \times \langle^{112}\qquad\rangle}{\langle^{105}\qquad\rangle} = \langle^{114}\qquad\rangle$$

せん断力 Q 　(kN)

$$Q = \frac{P \cdot a}{L} = \frac{P \cdot b}{L} = \frac{1.72 \times \langle^{112}\qquad\rangle}{\langle^{105}\qquad\rangle} = \langle^{115}\qquad\rangle$$

iv） 組み合わせ応力の算出

応力の組み合わせを算出します。地反力は上向き、基礎梁自重・集中荷重は下向きになります。

端部の固定端モーメント C （kN·m）

$$C = \langle ^{106} \quad \rangle - \langle ^{109} \quad \rangle - \langle ^{113} \quad \rangle = \langle ^{116} \quad \rangle$$

単純梁の中央曲げモーメント M_0 （kN·m）

$$M_0 = \langle ^{107} \quad \rangle - \langle ^{110} \quad \rangle - \langle ^{114} \quad \rangle = \langle ^{117} \quad \rangle$$

せん断力 Q （kN）

$$Q = \langle ^{108} \quad \rangle - \langle ^{111} \quad \rangle - \langle ^{115} \quad \rangle = \langle ^{118} \quad \rangle$$

② 梁の断面算定用応力の算出

Y0通りは3スパンであることから、応力G、応力H、応力Jで算定したそれぞれの固定端モーメントC、中央曲げモーメントM_0、せん断力Qを下記表にまとめます。これを利用し、連続したときの基礎梁応力を算定します。多スパンの時の応力は図10.26を参照し算定します。

スパンの位置	X0-X4	X4-X7	X7-X10
応力状態	応力G	応力H	応力I
端部の固定端モーメント C （kN·m）	$\langle ^{89} \quad \rangle$	$\langle ^{101} \quad \rangle$	$\langle ^{116} \quad \rangle$
単純梁の中央曲げモーメント M_0 （kN·m）	$\langle ^{90} \quad \rangle$	$\langle ^{102} \quad \rangle$	$\langle ^{117} \quad \rangle$
せん断力 Q （kN）	$\langle ^{91} \quad \rangle$	$\langle ^{103} \quad \rangle$	$\langle ^{118} \quad \rangle$

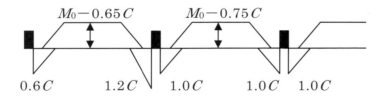

図10.26 （多スパンの部分のみ抜粋）

1）スパン X0 － X4

ⅰ）曲げモーメント （kN・m）

X0 端

$$M = 0.6 \times C = 0.6 \times \langle^{89} \quad\rangle = \langle^{119} \quad\rangle$$

中央部

$$M = M_0 - 0.65 \times C = \langle^{90} \quad\rangle - 0.65 \times \langle^{89} \quad\rangle = \langle^{120} \quad\rangle$$

X4 端

$$M = 1.2 \times C = 1.2 \times \langle^{89} \quad\rangle = \langle^{121} \quad\rangle$$

ⅱ）せん断力[1] （kN）

X0 端

$$Q = Q_0 - \frac{1.2\,C - 0.6\,C}{L} = \langle^{91} \quad\rangle - \frac{1.2 \times \langle^{89} \quad\rangle - 0.6 \times \langle^{89} \quad\rangle}{\langle^{122} \quad\rangle} = \langle^{123} \quad\rangle$$

X4 端

$$Q = Q_0 + \frac{1.2\,C - 0.6\,C}{L} = \langle^{91} \quad\rangle + \frac{1.2 \times \langle^{89} \quad\rangle - 0.6 \times \langle^{89} \quad\rangle}{\langle^{122} \quad\rangle} = \langle^{124} \quad\rangle$$

2）スパン X4 － X7

ⅰ）曲げモーメント （kN・m）

X4、X7 端

$$M = 1.0 \times C = \langle^{101} \quad\rangle$$

中央部

$$M = M_0 - 0.75 \times C = \langle^{102} \quad\rangle - 0.75 \times \langle^{101} \quad\rangle = \langle^{125} \quad\rangle$$

ⅱ）せん断力 （kN）

$$Q = \langle^{103} \quad\rangle$$

3）スパン X7 － X10

ⅰ）曲げモーメント （kN・m）

X7 端

$$M = 1.2 \times C = 1.2 \times \langle^{116} \quad\rangle = \langle^{126} \quad\rangle$$

中央部

$$M = M_0 - 0.65 \times C = \langle^{117} \quad\rangle - 0.65 \times \langle^{116} \quad\rangle = \langle^{127} \quad\rangle$$

X10 端

$$M = 0.6 \times C = 0.6 \times \langle^{116} \quad\rangle = \langle^{128} \quad\rangle$$

1）基礎梁が多スパンに連続するとき、梁の右、左端部の曲げモーメントが異なることによる梁のせん断力が移行します。p.55 ならびに p.114 を参考に X0、X4 端のせん断力を求めます。

ⅱ）せん断力　（kN）

X7 端

$$Q = Q_0 + \frac{1.2\,C - 0.6\,C}{L} = \langle^{118}\qquad\rangle + \frac{1.2 \times \langle^{116}\qquad\rangle - 0.6 \times \langle^{116}\qquad\rangle}{2.73} = \langle^{129}\qquad\rangle$$

X10 端

$$Q = Q_0 - \frac{1.2\,C - 0.6\,C}{L} = \langle^{118}\qquad\rangle - \frac{1.2 \times \langle^{116}\qquad\rangle - 0.6 \times \langle^{116}\qquad\rangle}{2.73} = \langle^{130}\qquad\rangle$$

memo

ひとりでやってみよう7

■ べた基礎の水平荷重時の基礎梁の応力算定を行います。

ここでは、N値計算から算定された数値を基に水平荷重時の基礎梁の応力を算定します。

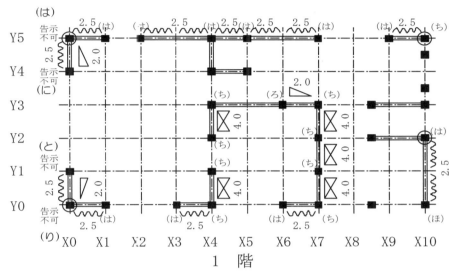

図10.27 1階柱脚の金物分布

(1) X0通りの計算を行います。

① N値と引抜き力

X0通り（Y0～Y5）1階柱脚のN値算定結果を示します。

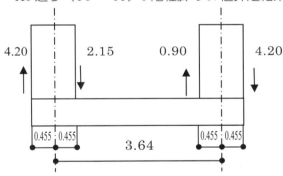

N値から引抜き力Tを算定した結果を示します。

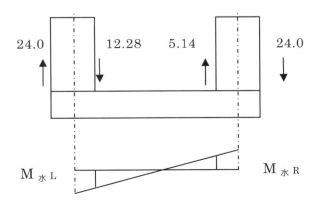

基礎梁に生じる水平荷重時の応力は、柱脚の引抜き力を用いて応力算定を行います。一方、柱脚の引抜き力により接合金物が決まります。

このことから、柱脚の接合金物の仕様をもとにその柱のN値を利用して引抜き力を算定しています。

以下の基礎梁の応力算定ならびに断面算定は、X0通りの柱脚の接合金物の仕様に着目し、Y軸方向の最も大きな応力を生じる部分として行います。

本書では、N値の算出は行っていません。左図のN値は、上部構造の設計時に、算出されたN値であると想定して、これらの値を用います。実際の設計では、上部構造の設計から算出されたN値を使用することとなります。

階高 h

$h = 2.8 - (0.3 \div 2) + (0.53 \div 2)$

$= 2.915\text{m}$

＊基礎上端から胴差し上端までを2.8m、胴差しせいを0.3m、地上部分の基礎高さを0.53mとして求めた値

$T = \text{N値} \times 2.915 \times 1.96$

② 応力の算定

水平荷重時の壁中心位置に生じる曲げモーメント $M_{水L}$ （kN·m）

$$M_{水L} = M_{水R} = T_L \times 0.91 = \langle^{131}\quad\rangle \times 0.91 = \langle^{132}\quad\rangle$$

せん断力 Q （kN）

$$Q_水 = \frac{M_{水L} + M_{水R}}{L} = \frac{\langle^{132}\quad\rangle + \langle^{132}\quad\rangle}{\langle^{133}\quad\rangle} = \langle^{134}\quad\rangle$$

水平荷重時のフェイス位置の曲げモーメントは下記の計算結果を採用します。

水平荷重時のフェイス位置の曲げモーメント $M_{水fL}$ （kN·m）

$$M_{水fL} = M_{水L} - Q_水 \times 0.455 = \langle^{132}\quad\rangle - \langle^{134}\quad\rangle \times 0.455 = \langle^{135}\quad\rangle$$

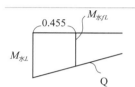

(2) Y0通りの計算を行います。

① N値と引抜き力

Y0通りについてはX0－X4間の応力が大きいことから、水平荷重時の応力はその間について算定します。

X軸方向の1階柱脚のN値算定結果を示します。

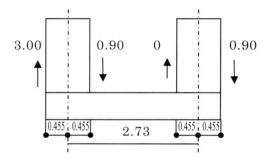

N値から引抜き力 T を算定した結果を示します。

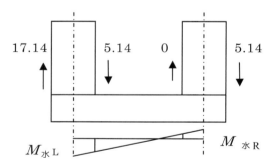

② 応力の算定

水平荷重時の壁中心位置に生じる曲げモーメント $M_{水L}$ 、 $M_{水R}$ （kN·m）

$$M_{水L} = T_L \times 0.91 = 17.14 \times 0.91 = \langle^{136}\quad\rangle$$

$$M_{水R} = T_L \times 0.91 = 5.14 \times 0.91 = \langle^{137}\quad\rangle$$

せん断力 Q （kN）

$$Q_水 = \frac{M_{水L} + M_{水R}}{L} = \frac{\langle^{136} \qquad \rangle + \langle^{137} \qquad \rangle}{\langle^{138} \qquad \rangle} = \langle^{139} \qquad \rangle$$

水平荷重時のフェイス位置の曲げモーメントは下記の計算結果を採用します。

水平荷重時のフェイス位置の曲げモーメント $M_{水fL}$、$M_{水fR}$ （kN·m）

$$M_{水fL} = M_{水L} - Q_水 \times 0.455 = \langle^{136} \qquad \rangle - \langle^{139} \qquad \rangle \times 0.455 = \langle^{140} \qquad \rangle$$

$$M_{水fR} = M_{水R} - Q_水 \times 0.455 = \langle^{137} \qquad \rangle - \langle^{139} \qquad \rangle \times 0.455 = \langle^{141} \qquad \rangle$$

ひとりでやってみよう 8

■ べた基礎の短期荷重時の基礎梁の応力算定を行います。

ここでは短期荷重時の応力算定を行います。

(1) X0 通りの計算を行います。
① 曲げモーメント （kN·m）

ⅰ）端部

$$\begin{cases} M_{短} = M_{長端} + M_{水\,fL} = \langle^{80} \quad\rangle + \langle^{135} \quad\rangle = \langle^{142} \quad\rangle \\ M_{短} = M_{水\,fR} - M_{長端} = \langle^{135} \quad\rangle - \langle^{80} \quad\rangle = \langle^{143} \quad\rangle \end{cases}$$

ⅱ）中央部（水平力による中央部の曲げモーメントは 0 であるため、
短期応力＝長期応力となります。）

$$M_{短} = M_{長} = \langle^{81} \quad\rangle$$

② せん断力 （kN）

$$Q_{短} = Q_{長} + 1.5 \times Q_{水} = \langle^{79} \quad\rangle + 1.5 \times \langle^{134} \quad\rangle = \langle^{144} \quad\rangle$$

(2) Y0 通（X0 － X4 間）の計算を行います。
① 曲げモーメント （kN·m）

ⅰ）X0 端部

$$\begin{cases} M_{短} = M_{長端} + M_{水\,fL} = \langle^{119} \quad\rangle + \langle^{140} \quad\rangle = \langle^{145} \quad\rangle \\ M_{短} = M_{長端} - M_{水\,fL} = \langle^{119} \quad\rangle - \langle^{140} \quad\rangle = \langle^{146} \quad\rangle \end{cases}$$

ⅱ）中央部 [1]

$$M_{長} = \langle^{120} \quad\rangle$$

ⅲ）X4 端部

$$\begin{cases} M_{短} = M_{長端} + M_{水\,fR} = \langle^{121} \quad\rangle + \langle^{141} \quad\rangle = \langle^{147} \quad\rangle \\ M_{短} = M_{長端} - M_{水\,fR} = \langle^{121} \quad\rangle - \langle^{141} \quad\rangle = \langle^{148} \quad\rangle \end{cases}$$

② せん断力 （kN）

$$Q_{短} = Q_{長} + 1.5 \times Q_{水} = \langle^{124} \quad\rangle + 1.5 \times \langle^{139} \quad\rangle = \langle^{149} \quad\rangle$$

1) 梁の中央部の曲げモーメント

水平荷重時において左右端の曲げモーメントが同じ場合は、基準梁の中央部の曲げモーメントは 0 になります。

ここでは、左右端の曲げモーメントは異なりますので、短期の鉄筋の許容引張応力度が、長期の 1.5 倍になることを考慮し、長期荷重時応力をもとに算定します。

ひとりでやってみよう 9

■ べた基礎の基礎梁の断面算定を行います。

（1） X0 通りの計算を行います。

① 主筋の必要断面積

1）長期荷重時応力からの断面算定

長期荷重時応力から断面算定を行います。

基礎梁の断面　$b \times D$ ＝15cm×53cm

ⅰ）端部曲げモーメント

曲げモーメントは下側へ出るので、算定は下端の主筋

d ＝530－78≒450mm [1]

$$j = \frac{7 \times 450}{8} = \langle^{150} \quad \rangle \text{ (mm)}$$

$$M_{長端} = \langle^{80} \quad \rangle \text{ (kN·m)}$$

$$a_t \geqq \frac{M}{f_t \cdot j} = \frac{\langle^{80} \quad \rangle}{196 \times \langle^{150} \quad \rangle} \times 10^6 = \langle^{151} \quad \rangle \text{ (mm}^2\text{)}$$

$$\Rightarrow \langle^{152} \quad \rangle - \text{D13}$$

ⅱ）中央部曲げモーメント

曲げモーメントは上側に出るので、算定は上端の主筋

d ＝530－58≒470mm

$$j = \frac{7 \times 470}{8} = \langle^{153} \quad \rangle \text{ (mm)}$$

$$M_{長中} = \langle^{81} \quad \rangle \text{ (kN·m)}$$

$$a_t \geqq \frac{M}{f_t \cdot j} = \frac{\langle^{81} \quad \rangle}{196 \times \langle^{153} \quad \rangle} \times 10^6 = \langle^{154} \quad \rangle \text{ (mm}^2\text{)}$$

$$\Rightarrow \langle^{155} \quad \rangle - \text{D13}$$

2）短期荷重時応力からの断面算定

短期荷重時応力から断面算定を行います。

曲げモーメントの大きな方をもとに算定します。

$$M_{短端} = \langle^{142} \quad \rangle \text{ (kN·m)}$$

$$a_t \geqq \frac{M}{f_t \cdot j} = \frac{\langle^{142} \quad \rangle}{295 \times \langle^{150} \quad \rangle} \times 10^6 = \langle^{156} \quad \rangle \text{ (mm}^2\text{)}$$

$$\Rightarrow \langle^{157} \quad \rangle - \text{D13}$$

1）ここでは仮定として主筋を一段配筋とし、d を算定します。必要な主筋の断面算定の結果、二段配筋になった時には、本書 p.103 を参考に、d の算定と必要な主筋断面算定を行うことになります。

②　許容せん断力耐力の検定

1）長期せん断耐力の検定

ⅰ）長期せん断力

$$Q_長 = \langle^{79} \quad \rangle \text{ (kN)}$$

ⅱ）コンクリート断面の長期許容せん断耐力の算定

$$Q_a = b \cdot j \cdot \alpha \cdot f_s = 150 \times \langle^{150} \quad \rangle \times 1.0 \times 0.7 = \langle^{158} \quad \rangle \text{ (kN)} \leftarrow 単位に注意してください$$

したがって、　$Q_a > Q_長$

2）短期せん断耐力の検定

ⅰ）短期せん断力（設計用せん断力）

$$Q_短 = \langle^{144} \quad \rangle \text{ (kN)}$$

ⅱ）基礎梁コンクリート断面の短期許容せん断耐力

$$Q_a = b \cdot j \cdot \alpha \cdot f_s = 150 \times \langle^{150} \quad \rangle \times 1.0 \times 1.4 = \langle^{159} \quad \rangle \text{ (kN)} \leftarrow 単位に注意してください$$

したがって、$Q_a > Q_短$

1）2）より、せん断補強筋は平12建告第1347号の規定を考慮しD10@300とします。

③　断面の決定

　①②より、基礎梁の配筋は以下のようにします。

　主筋

　　上、下筋共に $\langle^{160} \quad \rangle - D13$

　せん断補強筋

　　D10@300

memo

(2) Y0通りの計算を行います。

X0－X4間の基礎梁応力をもとに断面算定をします。

① 主筋の必要断面積

1) 長期荷重時応力からの断面算定

長期荷重時応力から断面算定を行います。

基礎梁の断面　$b \times D$　$=15\text{cm} \times 53\text{cm}$

ⅰ) X0端部曲げモーメント

曲げモーメントは下側へ出るので、算定は下端の主筋

$$d = 530 - 78 \fallingdotseq 450\text{mm}$$

$$j = \frac{7 \times 450}{8} = \langle ^{150} \qquad \rangle \ (\text{mm})$$

$$M_{長端} = \langle ^{119} \qquad \rangle \ (\text{kN} \cdot \text{m})$$

$$a_t \geqq \frac{M}{f_t \cdot j} = \frac{\langle ^{119} \qquad \rangle}{196 \times \langle ^{150} \qquad \rangle} \times 10^6 = \langle ^{161} \qquad \rangle \ (\text{mm}^2)$$

$$\Rightarrow \langle ^{162} \qquad \rangle - \text{D}13$$

ⅱ) 中央部曲げモーメント

曲げモーメントは上側に出るので、算定は上端の主筋

$$d = 530 - 58 \fallingdotseq 470\text{mm}$$

$$M_{長中} = \langle ^{120} \qquad \rangle \ (\text{kN} \cdot \text{m})$$

$$a_t \geqq \frac{M}{f_t \cdot j} = \frac{\langle ^{120} \qquad \rangle}{196 \times \langle ^{153} \qquad \rangle} \times 10^6 = \langle ^{163} \qquad \rangle \ (\text{mm}^2)$$

$$\Rightarrow \langle ^{164} \qquad \rangle - \text{D}13$$

ⅲ) X4端部曲げモーメント

曲げモーメントは下側へ出るので、算定は下端の主筋

$$M_{長端} = \langle ^{121} \qquad \rangle \ (\text{kN} \cdot \text{m})$$

$$a_t \geqq \frac{M}{f_t \cdot j} = \frac{\langle ^{121} \qquad \rangle}{196 \times \langle ^{150} \qquad \rangle} \times 10^6 = \langle ^{165} \qquad \rangle \ (\text{mm}^2)$$

$$\Rightarrow \langle ^{166} \qquad \rangle - \text{D}13$$

2) 短期荷重時応力かうの断面算定

ⅰ) X0端部曲げモーメント

短期荷重時応力から断面算定を行います。

曲げモーメントの大きなほうをもとに算定します。

$$M_{短端} = \langle ^{145} \qquad \rangle \ (\text{kN} \cdot \text{m})$$

$$a_t \geqq \frac{M}{f_t \cdot j} = \frac{\langle ^{145} \qquad \rangle}{295 \times \langle ^{150} \qquad \rangle} \times 10^6 = \langle ^{167} \qquad \rangle \ (\text{mm}^2)$$

$$\Rightarrow \langle ^{168} \qquad \rangle - \text{D}13$$

ⅱ）X4 端部曲げモーメント

短期荷重時応力から断面算定を行います。

曲げモーメントの絶対値の大きなほうをもとに算定します。

$$M_{短端} = \langle^{147}\qquad\rangle \text{ (kN·m)}$$

$$a_t \geqq \frac{M}{f_t \cdot j} = \frac{\langle^{147}\qquad\rangle}{295 \times \langle^{150}\qquad\rangle} \times 10^6 = \langle^{169}\qquad\rangle \text{ (mm}^2\text{)}$$

$$\Rightarrow \langle^{170}\qquad\rangle - \text{D13}$$

② 許容せん断力耐力の検定

1）長期せん断耐力の検定

各スパンの中で最も大きなせん断力をもとに算定します。

ⅰ）長期せん断力

$$Q_{長} = \langle^{124}\qquad\rangle \text{ (kN)}$$

ⅱ）コンクリート断面の許容せん断耐力の算定

$$Q_a = b \cdot j \cdot \alpha \cdot f_s = 150 \times \langle^{150}\qquad\rangle \times 1.0 \times 0.7 = \langle^{158}\qquad\rangle \text{ (kN)}$$

したがって、$Q_a > Q_{長}$

2）短期せん断耐力の検定

ⅰ）短期せん断力（設計用せん断力）

$$Q_{短} = \langle^{149}\qquad\rangle \text{ (kN)}$$

ⅱ）基礎梁コンクリート断面の短期許容せん断耐力

$$Q_a = b \cdot j \cdot \alpha \cdot f_s = 150 \times \langle^{150}\qquad\rangle \times 1.0 \times 1.4 = \langle^{159}\qquad\rangle \text{ (kN)}$$

したがって、$Q_a > Q_{短}$

1)2)より、せん断補強筋は平12建告第1347号の規定を考慮しD10@300とします。

③ 断面の決定

①②より、基礎梁の配筋は以下のようにします。

主筋

上、下筋共に 〈^{171} 〉 D13

せん断補強筋

D10@300

11. 布基礎の設計

11.1 布基礎の設計フロー

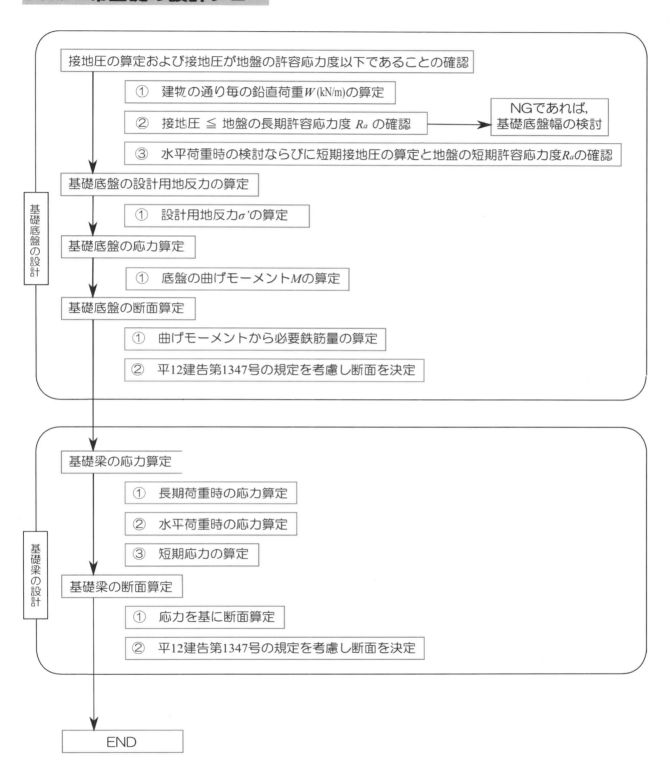

図 11.1　布基礎設計フロー

11.2 布基礎の底盤の設計

布基礎は、長期許容応力度が 30kN/m² 以上の、比較的良好な地盤の場合に用いられます。基礎自重を含む通りごとの建物荷重を通りごとに布基礎底盤で支えます。

このとき、布基礎の逆 T 型の底盤には通りごとに異なる地反力が生じ、底盤には地反力による応力が生じます。

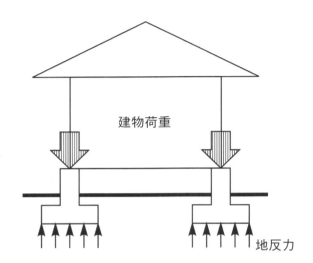

図 11.2　布基礎の荷重伝播

11.2.1　接地圧の算定および接地圧が地盤の長期許容応力度以下であることの確認

> 基礎底盤幅の算定には次の（1）、（2）の方法があります。
> （1）平 12 建告第 1347 号の規定による基礎底盤の幅を検定する方法
> （2）荷重から基礎底盤幅を算定する方法

布基礎底盤幅の算定方法には、（1）平 12 建告第 1347 号の規定により基礎底盤の幅を決定する方法と、（2）荷重から基礎底盤幅を算定する方法 の 2 通りがあります。

ここでは、それらの方法と、それぞれの方法で荷重の算定と接地圧の算定、ならびに地盤の長期許容応力度の確認方法について説明します。

（1） 平12建告1347号の規定を基に基礎底盤の幅を検定する方法
① 荷重の算定
SWS試験等による地盤調査の結果から得られる地盤の長期許容応力度から、基礎底盤幅を平12建告第1347号の規定により布基礎の底盤幅を仮定します。その基礎形状を前提に荷重の算定をします。

<参考>荷重の算定例
地盤の長期許容応力度 R_a が $30kN/m^2$ 以上 $50 kN/m^2$ 未満のとき、平12建告第1347号の規定を基にすると、2階建て住宅の基礎底盤幅は $B=450mm$ となります。
このときの各通りの単位長さあたりの、接地圧算定用の建物荷重 W（kN/m）を算定します。図11.3 の ⊠ 部分の単位重量を 20（kN/m^3）とした時、
$$W=W_F+20\times B\times D_f=W_B+24\times b\times h+20\times B\times D_f$$

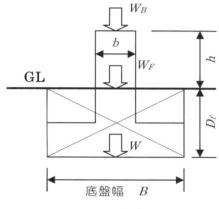

W_B：建物の柱脚までの荷重です。
W_F：W_B に基礎梁の GL から上部分の荷重を加えたものです。

なお、基礎底盤上の埋め戻し土の単位重量は 16（kN/m^3）なので、基礎底盤部分と合計の地中部分の単位重量を 20（kN/m^3）とします。

図11.3 荷重算定概念図

② 接地圧の算定と地盤の長期許容応力度以下であることの確認
基礎底盤幅 $B=450mm$ とした時の接地圧を算定し、地盤の長期許容応力度 R_a 以下であることを確認します。
建物荷重は　$W=W_B+24\times b\times h+20\times B\times D_f$ （kN/m）
で求められます。

ここから、接地圧 σ は次のようになります。
$$\sigma = \frac{W}{0.45} \quad (kN/m^2) \quad \cdots\cdots 基礎長さ1mあたりの接地圧（=地反力）$$

σ を算出した後 $\sigma \leq R_a$ であることを確認します。
$\sigma \leq R_a$ であれば、基礎底盤幅 $B=450mm$ で OK となります。

(2) 荷重から基礎底盤幅を算定する方法

ここでは、建物荷重から基礎底盤幅を直接求める方法を紹介します。

この方法は、(1) の算定方法に比べ、より詳細な検討が可能となります。平12建告第1347号の規定では、地盤の長期許容応力度が $30kN/m^2$ 以上のときの布基礎底盤幅は 45cm とされています。

しかし、2階の床組が特殊なケース[1]や、書庫などの用途で床荷重が大きな場合などは、許容応力度計算を行うと、基礎幅の算定結果が平12建告1347号の規定を上回ることがあります。このようなときには、(1) の算定方法では手戻りが発生することも考えられ、直接に基礎底盤幅を算定する方法が合理的な方法といえます。

算定手順

① 底盤幅 B が決まっていないため、基礎設計用の接地圧 σ' が、地盤の長期有効許容応力度 R_a'（GL 以深の土ならびに基礎自重を除いたもの）以下であることを利用し、基礎底盤幅の算定を行います。

算定に用いる建物荷重は W_F です。（図 11.4 参照）

$$W_F = W_B + 24 \times b \times h$$

② 底盤幅 B は、必要底盤幅 B' から構造安全性を考慮して定めます。この時、平12建告第1347号の規定を勘案し、より安全側の基礎幅とします。

---

① 地盤の長期許容応力度 R_a（kN/m^2）を基に、接地圧の検討をします。このときの検討用荷重は次のように算定します。

検討用荷重は GL までの荷重 W_F を用います。

$W_F = W_B + 24 \times b \times h$ (kN/m)

検討に用いる地盤の長期有効許容応力度 R_a' は、下式で算定します。

（GL 以深部分の基礎自重と基礎底盤上の土重量を除いたものを長期有効許容応力度とします。）

$R_a' = R_a - 20 \times D_f$ （kN/m^2）

・・・注意）基礎長さ 1m あたり

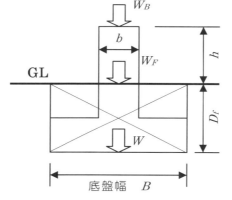

図 11.4　布基礎の荷重概要

必要な底盤幅 B' の算定

ここから、必要な底盤幅 $B' = \dfrac{W_F}{R_a'}$ (m) を算定します。

---

memo

1) 特殊な床組み

両側の小梁が中央の大ばりに集中する梁組等の場合、小梁りの方向を変更し大梁への荷重の集中を避けることがあります。

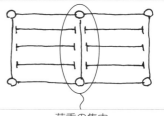

荷重の集中

②　①により求めた基礎底盤幅から安全を考慮し、基礎底盤幅を定めます。この
とき、平12建告第1347号の規定を考慮し、より安全側の基礎幅とします。

＜参考＞接地圧の検定

　例えば、地盤の長期許容応力度が30kN/m²の場合。

　2階が大スパンの場合や床荷重が集中する場合で、基礎幅を算定したときの結果が
$B'=53cm$ と算出されたとします。

　この算定結果は、平12建告第1347号に規定された底盤幅を（45cm）上回る結果
となりました。構造安全性を考慮し、基礎底盤幅を $B=55cm$ とします。

ここで、基礎を含む建物荷重が地盤の長期許容応力度を満足することを確認します。

$$W = W_B + 24 \times b \times h + 20 \times B \times D_f \ (kN/m)$$

$B=0.55$ を代入し、W の算定を行います。

$$基礎底盤下の接地圧\ \sigma = \frac{W}{B} = \frac{W}{0.55} \ \leqq \ 地盤の長期許容応力度\ R_a$$

を確認し、底盤幅を決定します。

---

(3)　水平荷重時の基礎底盤の設計

　布基礎の場合は、柱脚に生じる水平荷重時の軸力を用いて、基礎底盤からの接地
圧を算定します。

　地盤の短期許容応力度は、べた基礎の設計と同様に長期許容応力度の2倍として
検討を行い、必要な基礎底盤の幅を算定します。

　基礎底盤に生じる接地圧の算定については、以下の手順で進めますが、引抜き力
が大きくなり、転倒の可能性があるときには、基礎形状をべた基礎に変更するなど
の措置が必要になることもありますので注意が必要です。

　　　・水平荷重時の柱軸力を算定します
　　　・圧縮側の短期柱軸力をもとに接地圧を算定します
　　　・地盤の短期許容応力度以下であることを確認します

11.2.2 基礎底盤の設計用地反力の算定

基礎底盤の設計用荷重は、地反力 σ （kN/m²）から基礎底盤の自重と底盤上の埋戻し土を除いたσ'になります。

基礎底盤の設計用地反力 $\sigma' = \dfrac{W_F}{B}$ （kN/m/m）・・・基礎長さ1mあたり

基礎底盤には地反力より変形と曲げモーメントが生じます。このとき、基礎底盤に生じる地反力は、地反力 σ （kN/m²）から基礎底盤の自重と底盤上の埋戻し土を除いた分になります。

その地反力を設計荷重とし、基礎梁からの底盤の出寸法を l とした時の曲げモーメントの算定をします。

このときの基礎底盤の設計用地反力σ'は、以下のようになります。

設計用地反力 $\sigma' = \dfrac{W_F}{B} = \dfrac{W}{B} - 20 \times D_f$ （kN/m/m）・・・基礎長さ1mあたり

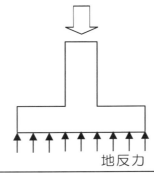

基礎長さの1mあたりの地反力 σ'（kN/m/m）

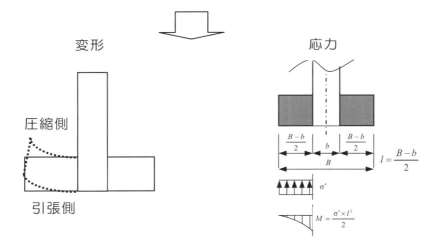

図11.5 布基礎の応力と変形

11.2.3　基礎底盤の応力算定

(1) 曲げモーメントは基礎底盤の下側が引張り側になるように生じます。（図 11.5 参照）

$$M = \frac{\sigma' \times l^2}{2} \quad (kN \cdot m/m) \quad \cdots \text{基礎 1m 長さあたりの曲げモーメント}$$

(2) 設計用曲げモーメントは底盤幅 1m あたりの応力として算定します。

　　基礎底盤の断面算定は、地反力σ′により基礎底盤に生じる曲げモーメントから算定します。

　　基礎底盤に生じる曲げモーメントは、基礎梁からの基礎底盤の突出長さを l (m) とすると以下の式になります。

$$M = \frac{\sigma' \times l^2}{2} \quad (kN \cdot m/m) \quad \cdots \text{基礎長さ 1m あたりの曲げモーメント}$$

また、基礎底盤の下側が引張側になるように生じます。
曲げモーメントの引張側の応力を鉄筋が、圧縮側の応力をコンクリートが負担します。

11.2.4　基礎底盤の断面算定 [1]

(1) 底盤に生じる曲げモーメントから基礎 1m 長さあたりの必要鉄筋量を求めます。

$$M \leqq a_t \cdot f_t \cdot j \quad \Rightarrow \quad \text{必要鉄筋断面積} \quad a_t \geqq \frac{M}{f_t \cdot j}$$

a_t：引張側鉄筋の断面積　（mm²）

f_t：鉄筋の引張許容応力度　（N/mm²）

$j : \dfrac{7}{8}d$　（mm）

d：主筋の中心から圧縮側最外縁までの距離　（mm）

(2) 基礎底盤の断面決定は、曲げモーメントから算出した鉄筋断面と、平 12 建告第 1347 号の規定（D10 を 300mm ピッチ）を考慮し、安全側の設計とします。

(1) 基礎底盤の必要鉄筋の断面積算定
　　底盤に生じる曲げモーメントを基に必要鉄筋の断面積 a_t 算定をします。

必要な鉄筋の断面積　$a_t \geqq \dfrac{M}{f_t \cdot j}$

a_t：引張側鉄筋の断面積

f_t：鉄筋の引張許容応力度

1) 本書ではせん断設計は省略しています。（一社）日本建築学会の「鉄筋コンクリート構造計算規準・同解説」によると、通常床スラブは、せん断応力に対しては、集中荷重を受ける場合、あるいは開口部がある場合を除いて、十分な場合が多いとされています。せん断設計が必要とされる場合は、同書などを参考に行って下さい。

$$j : \frac{7}{8}d$$

d: 主筋の中心から圧縮側最外縁までの距離

　主筋の中心から圧縮側最外縁までの距離を d とすると、基礎底盤の厚さを t（cm）とすると、鉄筋のかぶり厚さは 60mm であることから、d は以下のようになります。

$d = t -$（60+ 鉄筋の外径 /2）（mm）

（2）　基礎底盤の配筋の決定

　配筋は、応力から算定される断面と平 12 建告第 1347 号の規定（D10 を 300mm ピッチ）を考慮し、安全側の断面とします。

ひとりでやってみよう 10

■ 布基礎の底盤の設計を行います。

　図 10.9、図 10.11、図 11.6 ～ 11.7 のプランについて、基礎底盤ならびに基礎梁の設計を行います。

（1）　設計条件

　　荷重条件と建物重量の算定

　　荷重の算定は、べた基礎の設計と同様に、

　　　①　荷重を詳細に算出する方法による建物荷重算定

　　　②　荷重を簡易に算出する方法による建物荷重算定

　　の 2 通りによって行いますがここでは②の方法により、表 11.1 の値を用います。

　検討する基礎部の最大スパンを Y0-Y5 とすると、梁間長さ 4.55m となることから、検討用荷重は表 11.1 とします。表 11.1 は布基礎用検討荷重（1m あたりの荷重 :kN/m）を表しています。

表 11.1　　2 階建て建物の W_B（一般地域・重い屋根・重い外壁）

部位	荷重　（kN/m）
屋根	5.37
外壁	2.1
床	10.70
計	18.17

　また、小規模建築物基礎設計指針より基礎梁検討用荷重（基礎天端以上）W_B ＝ 18.17kN/m、布基礎底盤検討用荷重（GL 以上）W_F ＝ 19.61kN/m とします。

（一社）日本建築学会「小規模建築物基礎設計指針」p.57 の布基礎用の設計荷重を参考にして建物荷重の設定をします。

天端：てんば

(2) 基礎伏図と布基礎断面の概要

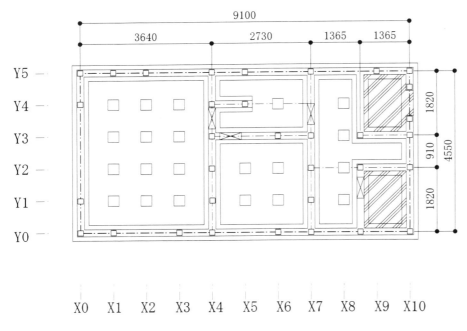

図 11.6　基礎伏図

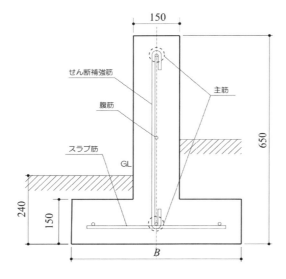

図 11.7　布基礎断面図

(3) 基礎底盤の設計

接地圧の算定および地盤の長期許容応力度以下であることを確認します。

荷重は、簡易設計法での検討とし、基礎の底盤の幅 B は 450mm とします。GL 以深の基礎自重と土重量の合計の単位体積重量を 20（kN/m³）とします。

また、地盤の長期許容応力度は R_a =50（kN/m²）とします。

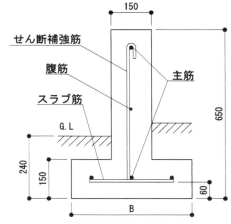

図 11.8　布基礎底盤断面図

① 建物の通り毎の鉛直荷重 W の算定

検討する基礎部を Y0 通り X0 － X4 とします。

基礎梁検討用荷重は以下の通りになります。

W_B =18.17（kN/m）（表 11.1 参照）

基礎底盤検討用荷重 W の算定

W =18.17+24×0.15×0.41+20×0.45×0.24=21.81　（kN/m）

② 接地圧≦地盤の長期許容応力度 R_a の確認

接地圧は以下のようになります。

$$\sigma = \frac{W}{B} = \frac{21.81}{0.45} = 48.47 \text{ (kN/m}^2\text{)} = 地反力$$

したがって、地盤の長期許容応力度 R_a が 50（kN/m²）なので、$R_a > \sigma$ となります。

③ 基礎底盤の設計用地反力の算定

基礎底盤の設計用地反力は σ から基礎底盤の自重と基礎上の土重量を除いた荷重になります。

$$\sigma' = \sigma - 20 \times 0.24 = 48.47 - 20 \times 0.24 = \langle^{172}\quad\rangle \text{ (kN/m}^2\text{)}$$

σ'：基礎底盤検討用地反力　（kN/m²）

④ 基礎底盤の応力算定

地反力により底盤に生じる応力を求めます。応力は基礎長さ 1m あたりの数値となります。

基礎梁根元までの基礎底盤の出寸法は l =（0.45 － 0.15）/2=0.15（m）です。梁根元の曲げモーメントならびにせん断力を求めます。

$$M = \frac{\sigma' \cdot l^2}{2} = \frac{\langle^{172}\quad\rangle \times 0.15^2}{2} = \langle^{173}\quad\rangle \text{ (kN・m)}$$

$$Q = \sigma' \cdot l = \langle^{172}\quad\rangle \times 0.15 = \langle^{174}\quad\rangle \text{ (kN)}$$

⑤ 基礎底盤の断面算定

曲げモーメントから必要鉄筋量の算定を行います。

基礎底盤を D10 シングル配筋とすると、底盤の厚さ h =150mm、d_D =84.5mm となります。

$$j = \frac{7}{8} \times d = \langle^{175} \quad \rangle \text{ (mm)}$$

鉄筋の長期許容引張応力度は f_t =196（N/mm²）なので、

$$a_t \geq \frac{M}{f_t \cdot j} = \frac{\langle^{173} \quad \rangle}{196 \times \langle^{175} \quad \rangle} \times 10^6 = \langle^{176} \quad \rangle \text{ (mm}^2\text{)}$$

∴ 必要鉄筋断面積 $a_t = \langle^{176} \quad \rangle$ (mm²)

⇒ D10 が 〈177   〉本 / 底盤長さ 1m あたり

⇒ D10@ 〈178   〉(mm)

⑥ 平 12 建告第 1347 号の規定を考慮し断面を決定

曲げモーメントから算定した配筋ピッチと、平 12 建告第 1347 号の規定 D10@300 を考慮し、底盤の配筋を D10@ 〈179   〉とします。

基礎断面のせん断耐力の検討を行います。

$$Q_a = b \cdot j \cdot \alpha \cdot f_s = 1,000 \times 73.94 \times 1.0 \times 0.7 = 51,758 \text{ (N)}$$
$$= 52 \text{ (kN)}$$

したがって、$Q_a > Q_長$

11.3　基礎梁の設計

11.3.1　基礎梁の応力算定

　　開口部などの直下の基礎梁には地反力により変形・応力が生じます。また、べた基礎の場合と同様に、基礎梁には長期荷重時応力と水平荷重時応力が生じます。

（1）　長期荷重時応力

　　長期荷重時の設計用地反力は、底盤に生じる地反力から基礎梁自重ならびに底盤＋土重量を除いたものになります。設計用地反力を w' とすると（kN/m）

$$w' = W_B \quad (kN/m)$$

　　したがって、基礎梁長さ 1m あたりの設計荷重を w' としたときの応力は以下のようになります。

　　　　端部の固定端モーメント C 　（kN·m）

$$C = \frac{w' \cdot L^2}{12}$$

　　　　単純梁の中央曲げモーメント M_0 　（kN·m）

$$M_0 = \frac{w' \cdot L^2}{8}$$

　　　　せん断力 Q 　（kN）

$$Q = \frac{w' \cdot L}{2}$$

なお、基礎梁の連続性を考慮した応力は 10.3 の項で説明した内容と同じです。

（2）　水平荷重時応力

　　水平荷重時応力の算定方法および基礎に生じる柱脚からの引抜き力算出方法は、10.3 の項で説明した内容と同じです。

（3）　短期荷重時応力

　　長期荷重時応力と水平荷重時応力から短期応力を算出する方法は、10.3 の項で説明した内容と同じです。

11.3.2　基礎梁の断面算定

　　基礎梁に生じる応力から断面算定を行います。断面の決定は、応力からの必要断面と平 12 建告第 1347 号の規定を考慮し、安全側の断面とします。

　　断面算定ならびに断面の決定は、10.3 の項で説明した内容と同じです。

ひとりでやってみよう 11
■ 布基礎の基礎梁の設計を行います。

ここでは、X0 通りの基礎梁について検討を行います。

(1) 長期荷重時の応力算定
ここでは、スパン 4.55m として応力算出します。なお、設計荷重は地反力から基礎梁自重ならびに GL 以深の基礎自重と土重量を除いた W_B（kN/m）を用います。

$w = W_B = 18.17$（kN/m）

W：基礎梁にかかる外力（地反力）

設計応力は、基礎梁の連続性により応力が異なりますが、この場合は単スパンのため端部の固定度を 0.6C とします。

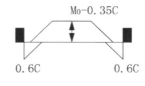

図 11.9　基礎梁の曲げモーメント図

端部の固定端モーメント C　（kN·m）

$$C = \frac{w \cdot L^2}{12} = \frac{18.17 \times 4.55^2}{12} = \langle^{180}\quad\rangle$$

単純梁の中央曲げモーメント M_0　（kN·m）

$$M_0 = \frac{w \cdot L^2}{8} = \frac{18.17 \times 4.55^2}{8} = \langle^{181}\quad\rangle$$

したがって、設計応力は以下の数値となります。

① 曲げモーメント　（kN·m）
　ⅰ）端部

$$0.6 \times C = 0.6 \times \langle^{180}\quad\rangle = \langle^{182}\quad\rangle$$

　ⅱ）中央部

$$M_0 - 0.35 \times C = \langle^{181}\quad\rangle - 0.35 \times \langle^{180}\quad\rangle = \langle^{183}\quad\rangle$$

② せん断力　（kN）

$$Q = \frac{w \cdot L}{2} = \frac{18.17 \times 4.55}{2} = \langle^{184}\quad\rangle$$

（2）水平荷重時の応力算定

　計算例は、べた基礎の応力算定（ひとりでやってみよう 7）と同じ内容とします。

（3）短期荷重時の応力算定

① 曲げモーメント （kN・m）
ⅰ）端部
　端部曲げモーメントは長期荷重時＋水平荷重時の応力となります。（下端）
$$M_{短} = M_{長端} + M_{水fL} = \langle {}^{182} \quad \rangle + \langle {}^{135} \quad \rangle = \langle {}^{185} \quad \rangle$$

ⅱ）中央部
　中央部曲げモーメントは長期荷重時の応力となります。（上端）
　⇒長期応力で断面算定を行います。

② せん断力 （kN）
$$Q_{短} = Q_{長} + 1.5 \times Q_{水} = \langle {}^{184} \quad \rangle + 1.5 \times \langle {}^{134} \quad \rangle = \langle {}^{186} \quad \rangle$$

（4）断面算定
　応力を基に断面算定をします。
　曲げモーメントが大きなことから、主筋は D16 を用い、断面算定をします。

① 主筋の必要断面積

１）長期荷重時応力からの断面算定
　長期荷重時応力から断面算定を行います。
　基礎梁断面　$b \times h$=15cm×65cm

ⅰ）端部曲げモーメント
　曲げモーメントは下側へ出るので、算定は下端の主筋
　せん断補強筋までのかぶり厚さが 60mm であることから、
　$d_{下}$＝h－10.15　（cm）=548.5mm

$$j = \frac{7 \times 548.5}{8} = \langle {}^{187} \quad \rangle \text{ (mm)}$$

$$M_{長端} = \langle {}^{182} \quad \rangle \text{ (kN・m)}$$

$$a_t \geqq \frac{M}{f_t \cdot j} = \frac{\langle {}^{182} \quad \rangle}{196 \times \langle {}^{187} \quad \rangle} \times 10^6 = \langle {}^{188} \quad \rangle \text{ (mm}^2\text{)}$$

$$\Rightarrow \langle {}^{189} \quad \rangle - \text{D16}$$

ⅱ）中央部曲げモーメント

　曲げモーメントの大きな方をもとに算定します。

　上端主筋までの d は、せん断補強筋までのかぶり厚さが 40mm であることから、

$d_上＝h－8.15$ 　（cm）=568.5mm

$$j = \frac{7 \times 568.5}{8} = \langle ^{190} \quad \rangle \text{ (mm)}$$

$$M_{長中} = \langle ^{183} \quad \rangle \text{ (kN・m)}$$

$$a_t = \frac{M}{f_t \cdot j} = \frac{\langle ^{183} \quad \rangle}{196 \times \langle ^{190} \quad \rangle} \times 10^6 = \langle ^{191} \quad \rangle \text{ (mm}^2)$$

$$\Rightarrow \langle ^{192} \quad \rangle - D16$$

2）短期荷重時応力からの断面算定

　端部主筋の必要断面積

$$M_{短端} = \langle ^{185} \quad \rangle \text{ (kN・m)}$$

$$a_t = \frac{M}{f_t \cdot j} = \frac{\langle ^{185} \quad \rangle}{295 \times \langle ^{187} \quad \rangle} \times 10^6 = \langle ^{193} \quad \rangle \text{ (mm}^2)$$

$$\Rightarrow \langle ^{194} \quad \rangle - D16$$

②　許容せん断耐力の検定

1）長期せん断耐力の検定

ⅰ）長期せん断力

$$Q_長 = \langle ^{184} \quad \rangle \text{ (kN)}$$

ⅱ）基礎梁コンクリート断面の長期許容せん断耐力

$$Q_a = b \cdot j \cdot \alpha \cdot f_s = 150 \times \langle ^{187} \quad \rangle \times 1.0 \times 0.7 = \langle ^{195} \quad \rangle \text{ (kN)}$$

　したがって、$Q_a > Q_長$

2）短期せん断耐力の検定

ⅰ）短期せん断力

$$Q_短 = \langle ^{186} \quad \rangle \text{ (kN)}$$

memo

ⅱ）基礎梁コンクリート断面の短期許容せん断耐力

$$Q_a = b \cdot j \cdot \alpha \cdot f_s = 150 \times \langle^{187} \quad \rangle \times 1.0 \times 1.4 = \langle^{196} \quad \rangle \text{ (kN)}$$

したがって、$Q_a > Q_短$

③　断面の決定

　②のように、長期荷重時ならびに短期荷重時のせん断力に対して、基礎梁断面のコンクリート部分のせん断耐力で満足する結果となりました。

　したがって、せん断補強筋は平 12 建告第 1347 号の規定を考慮し D10@300 とします。

　主筋
　　　上、下筋共に　〈^{197}　　　〉－ D16
　せん断補強筋
　　　D10@300

12. 偏心布基礎

12.1 偏心布基礎の設計フロー

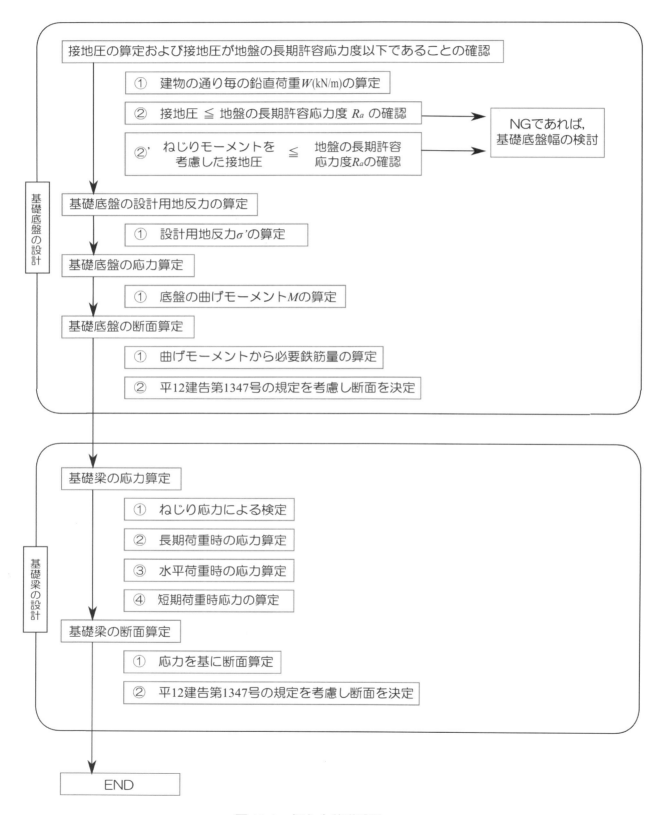

図 12.1　偏心布基礎設計フロー

12.2 偏心布基礎の配置

12.2.1 偏心布基礎の配置

> 偏心布基礎の配置は、建築物の外周の敷地制限がある側のみとすることを原則とします。

　建築物の外周に敷地制限がある場合、その個所に偏心基礎を配置する事があります。偏心布基礎を用いるときには、柱等上部建物の荷重点と基礎底盤の地反力の中心位置がずれることにより、基礎にねじり応力が生じることに注意する必要があります。

　偏心布基礎のスパンが長くなると、基礎が変形を生じたり、ねじり応力により亀裂等が生じる危険性があるので、2階建て程度の建物の場合、偏心布基礎のスパンの間隔 L は、原則として 5.46m（0.91m×6）以下程度としています。

　偏心基礎のスパンが 5.46m を超える場合には、5.46m 以下になるように、直交する梁を配置します。この梁を、ねじれ抵抗梁（梁だけでなく布基礎とする場合もあります。）とよびます。ねじれ抵抗梁によって、偏心基礎が回転しようとする変形が抑制され、接地圧は基礎底盤から均一に地盤面へ生じることになります。

　ねじれ抵抗梁の間隔が大きくなる場合や上部建物からの荷重が大きいときに、ねじり回転応力を無視すると危険側になります。ねじり回転応力を考慮した接地圧を算定し、地盤の長期許容応力度との比較検定を行います。

ねじれ抵抗梁とは、検討対象の梁が偏心布基礎や土圧を受けることにより発生する、ねじりモーメントに対して、元々配置されている直交梁によるスパンでは抵抗しきれない場合に、新たに直交方向に追加する基礎梁のことをいいます。

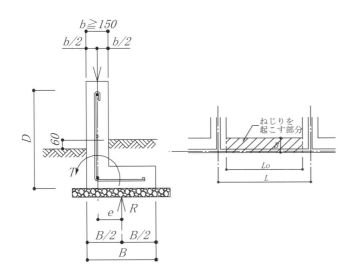

図 12.2　偏心布基礎

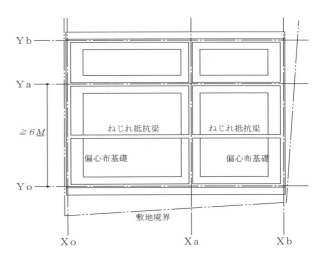

図 12.3　偏心布基礎とねじれ抵抗梁の配置

12.2.2　偏心布基礎の変形と応力

> 偏心布基礎はねじり応力により変形を生じることから、ねじれ抵抗梁の配置を検討します

　布基礎断面が偏心することによりねじりモーメントが発生します。ねじりモーメントは、図 12.4 のような布基礎において、上部構造からの荷重点と地盤からの地反力を受ける底盤の中心が一致しないために、基礎が外側（a 端）に回転しようとすることから起こります。

　しかし、一般的には、図 12.5 の左図のようにねじりモーメントを生じる基礎（外周に面する布基礎）に対しては直交基礎梁が接合し、ねじりモーメントによる変形を拘束します。その結果、接地圧（地反力）分布は図 12.5 の右図のように均一になります。

　このような考え方から、偏心布基礎の検討としては、布基礎の検討内容に下記項目を加えた検討内容とします。

（1）偏心布基礎の基礎梁部のねじれの検討
（2）ねじれ抵抗梁の検討

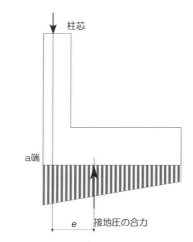

図 12.4　偏心布基礎のねじり応力

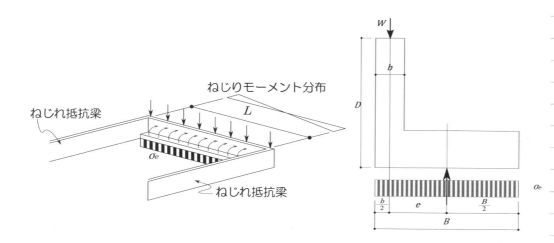

図 12.5　ねじれ抵抗梁に拘束された偏心布基礎の応力

12.3 偏心布基礎の底盤の設計

12.3.1 基礎底盤の設計用地反力の算定

(1) 基礎底盤の幅 B の算定
最大接地圧が地盤の長期有効許容応力度 R_a' 以下であることを確認します。
ねじりモーメントを T とすると

$T = W_F \cdot e$ （kN・m/m）・・・基礎長さ 1m あたり

最大の接地圧 σ_a を算定します。

$\sigma_a = \alpha_e \cdot \sigma'_e$

(2) 設計用地反力
ねじり抵抗梁の配置により、地反力は基礎底盤に均一に生じるものとします。

ここでは、偏心布基礎のねじり回転を考慮したときの接地圧の算定と、その最大接地圧に対する検定を紹介します。図 12.6 のように、ねじり回転応力による接地圧分布は台形分布になり、a 端の接地圧が最大となります。
このときの a 端の接地圧が、地盤の長期許容応力度を超えることのないように検定を行い、底盤の幅 B を広げるなどの対応を行います。
もし、地盤の長期許容応力度を超える場合、偏心布基礎が外側に倒れる可能性があります。

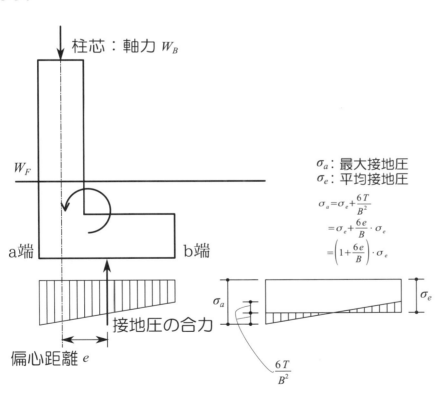

図 12.6　偏心布基礎の応力

接地圧係数 α_e

$\alpha_e = \begin{cases} 1 \pm \dfrac{6e}{B} & \left(e \leq \dfrac{B}{6}\right) \\ \dfrac{2}{3\left(\dfrac{1}{2} - \dfrac{e}{B}\right)} & \left(e > \dfrac{B}{6}\right) \end{cases}$

有効平均接地圧 σ'_e

$\sigma'_e = \dfrac{W_F}{B}$

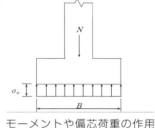

モーメントや偏芯荷重の作用しない基礎の接地圧（$e=0$）

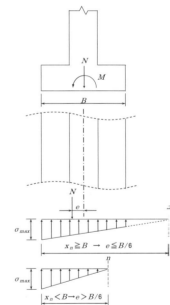

$\sigma_{max} = \alpha \cdot \sigma_e$

$\alpha = \begin{cases} 1 + 6\dfrac{e}{B} & \cdots \left(e \leq \dfrac{B}{6}\right) \\ \dfrac{2}{3\left(\dfrac{1}{2} - \dfrac{e}{B}\right)} & \cdots \left(e > \dfrac{B}{6}\right) \end{cases}$

モーメントや偏芯荷重の作用する基礎の接地圧（$e \neq 0$）

(1) 基礎底盤の幅 B の算定

最大接地圧が地盤の長期有効許容応力度 $R_a{}'$ 以下であることを確認します。

GL までの荷重の合計を W_F とし、GL から上部の荷重についてのねじりモーメントを算定します。

ねじりモーメントを T とすると

$$T = W_F \cdot e \ \ \text{(kN・m/m)}$$

最大の接地圧 σ_a を算定します。

$$\sigma_a = \sigma_e + \frac{6T}{B^2} = (1+\frac{6e}{B})\sigma_e \ \text{(kN/m}^2)$$

σ_a が地盤の長期有効許容応力度 Ra' 以下であることを確認します。

このとき、$R_a{}' = R_a - 20 \times D_f$

> 基礎底盤の断面算定に用いる地反力は平均の地反力 σ_e を用います。

(2) 設計用接地反力

基礎底盤の応力算定に用いる地反力は均一なものとします。

$$\sigma_e = \frac{W_F}{B} \ \ \text{(kN/m}^2)$$

$$\sigma' = \sigma e - 20 \times d_f$$

> ds は GL から底盤までの距離とします。
> （根入れ深さ）

12.3.2 基礎底盤の応力算定

(1) 曲げモーメントは基礎底盤の下側が引張側になるように生じます。

$$M = \frac{\sigma' \times l^2}{2} \ \ \text{(kN・m/m)} \cdots 基礎 1m 長さあたりの曲げモーメント$$

(2) 設計用曲げモーメントは底盤幅 1m あたりの応力として算定します。

(1) 曲げモーメントの算定

布基礎の底盤の設計内容と同様に進めます。

$$M = \frac{\sigma' \times l^2}{2} \ \ \text{(kN・m/m)} \cdots 基礎 1m 長さあたりの曲げモーメント$$

設計用曲げモーメントは、底盤幅 1m あたりの応力として算定します。

12.3.3　基礎底盤の断面算定

(1)　底盤に生じる曲げモーメントから 1m 幅あたりの必要鉄筋の算定をします。

$$M \leqq a_t \cdot f_t \cdot j \quad \Rightarrow 必要鉄筋断面積 \quad a_t \geqq \frac{M}{f_t \cdot j}$$

a_t：引張側鉄筋の断面積　（mm²）

f_t：鉄筋の引張許容応力度　（N/mm²）

$j : \dfrac{7}{8}d$　（mm）

d：主筋の中心から圧縮側最外縁までの距離　（mm）

(2)　基礎底盤の断面決定は、曲げモーメントから算出した断面と、平 12 建告第 1347 号の規定（D10 を 300mm ピッチ）を考慮し、安全側の断面とします。

---

(1)　底盤に生じる曲げモーメントから 1m 幅あたりの必要鉄筋の算定

底盤に生じる曲げモーメントから 1m 幅あたりの必要鉄筋の算定をします。

$$M \leqq a_t \cdot f_t \cdot j \quad \Rightarrow 必要鉄筋断面積 \quad a_t \geqq \frac{M}{f_t \cdot j}$$

12.4 偏心布基礎梁の設計

12.4.1 基礎梁の応力算定

(1) 基礎梁の長期荷重時応力を算定します。
  ・長期荷重時の設計荷重は、布基礎の場合と同じです。
  ・ねじり応力の算定をします。
(2) 基礎梁のねじれ抵抗の算定をします。
(3) ねじり応力による断面の検討を行います。
(4) 水平荷重時ならびに短期荷重時応力については布基礎の内容を基本とします

(1) 偏心によって生じるねじり応力の算定
平均の接地圧をσ_e、偏心距離をeとします。

ねじりモーメントTの算出

$$T = \frac{1}{2} \cdot \sigma_e \cdot B \cdot e \cdot L_0$$

T : 偏心によって生じるねじりモーメント（kN·m）
σ_e : 単位長さあたりの地面（GL）以上の建築物荷重によって
　　　求めた接地圧（kN/m）
B : 基礎スラブの幅（mm）
e : 偏心距離
L_0 : ねじれ抵抗梁の内法スパン

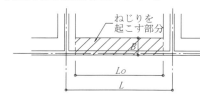

図12.7 偏心基礎とねじり応力

せん断力の算定

$$Q = \frac{\sigma_e \cdot B \cdot L}{2}$$

Q : 設計用せん断力 （kN）

(2) 基礎梁断面のねじれ抵抗の算定
ねじりモーメント抵抗

$$T_0 = \frac{1.15}{3} \cdot b^2 \cdot D \cdot f_S \quad (kN \cdot m)$$

せん断抵抗

$$Q_0 = b \cdot j \cdot \alpha \cdot f_S \quad (kN)$$

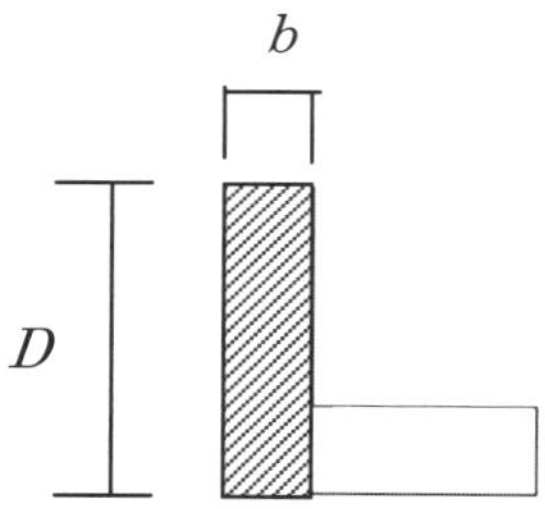

図12.8 ねじれ抵抗部分

T : 偏心によって生じるねじりモーメント（kN·m）
Q_0 : 長期許容せん断耐力（kN）
B : 梁の幅
D : 梁のせい
σ_e : 単位長さあたりの地面（GL）以上の建築物荷重によって求めた接地圧（kN/m）

e ：偏心距離　（mm）

L_0 ：両端の直交梁の内法スパン（m）

f_s ：コンクリートの長期許容せん断応力度

（3）　ねじり応力による基礎梁の断面検討

　　ねじりモーメントとせん断力の複合応力に対する検定を行います。

　　コンクリート強度と梁の断面でねじりモーメントに抵抗する場合には、ねじりモーメントとせん断に対して、下式を満足するように基礎梁幅を計算します

$$\left(\frac{T}{T_0}\right)^2 + \left(\frac{Q}{Q_0}\right)^2 \leqq 1$$

12.4.2　基礎梁の断面算定

> 　ねじり応力を考慮した基礎梁に生じる応力を求め、断面算定を行います。断面の決定については、応力からの必要断面と平 12 建告第 1347 号の規定を考慮し、安全側の断面とします。

　　ねじり応力に対する検討は、ねじりモーメントならびにせん断力に関するコンクリート断面の抵抗力として検討を行います。

　　したがって、12.4.1（3）にて算定する T_0、Q_0 の算定に用いた基礎梁の断面 $b \times D$ の値を用います。

12.4.3　偏心布基礎に直交するねじれ抵抗梁の検討

> 偏心布基礎に生じるねじり力による応力を算定し、断面算定を行います。

　　偏心布基礎に直交するねじれ抵抗梁について、負担範囲内のねじれにより生じる曲げモーメントを用いて必要な鉄筋量を計算します。偏心布基礎に直交する基礎梁に生じる曲げモーメントおよび主筋量の計算は下式によります。

$$M = \sigma_e \cdot B \cdot e \cdot L \quad \text{(kN·m)}$$

　　このとき、必要鉄筋量は、基礎梁断面としての必要な鉄筋量に加えることが必要となります。

$$a_t \geqq \frac{M}{f_t \cdot j}$$

M ：直交梁に生じる曲げモーメント（kN·m）
B ：基礎スラブの幅（m）
e ：偏心距離（m）
L ：直交梁の負担幅（m）
σ_e：単位長さあたりの地面（GL）以上の建築物荷重によって
　　求めた接地圧（kN/m²）
a_t ：必要な配筋断面積（mm²）
f_t ：鉄筋の長期許容引張応力度（N/mm²）
j ：ねじれ抵抗梁の応力中心間距離（上端主筋）$j = \dfrac{7 \times d}{8}$ （mm）
　　d：主筋から最外縁までの距離（mm）

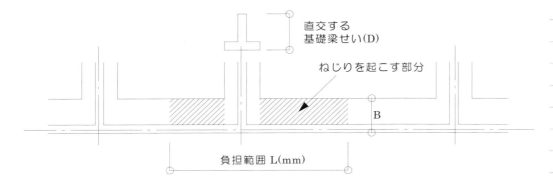

図 12.9　偏心布基礎に直交するねじり抵抗梁

13. その他の設計

13.1 人通口

　人通口部分は、立ち上がりが極端に低い基礎梁として必要鉄筋量を算出します。したがって、曲げモーメントの大きい位置に配置すると計算が成り立たない場合があります。このため、人通口を設置する場合には、曲げモーメントのかからないまたは小さい箇所に限定するなど一定のルールが必要となります。

　計算の考え方と方法は、基礎梁の計算方法と同様です。設計にあたっては、一般部の基礎梁の断面における許容応力度と同様の耐力を有するよう、必要な鉄筋量を求めます。

(1) 検討例－1（布基礎の場合）
　① 仮定断面
　　基礎梁高さ 650mm、フーチング幅 450mm、かぶり厚さ 60mm、上端筋 D13

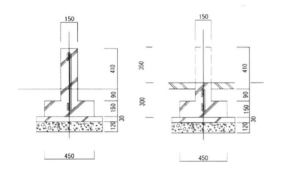

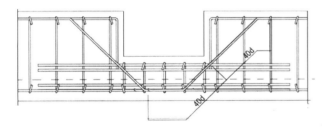

図 13.1　人通口基礎補強図

　② 標準断面の諸定数
　　圧縮側コンクリートの外端と引張側鉄筋の距離 $d=65－7.8=57.2$（cm）
　　応力中心間距離 $j=d×7/8=57.2×7/8=50.05$（cm）
　　引張側鉄筋の断面積 $a_t=1.27$（cm^2）

　③ 置換え後断面の諸定数（欠損考慮）
　　圧縮側コンクリートの外端と引張側鉄筋の距離
　　配筋は 2-D16 を想定し、以下のようになります
　　　　$d=30$（cm）$－8.2$（cm）$=21.8$（cm）
　　応力中心間距離 $j=d×7/8=21.8×7/8=19.075$（cm）

④ 補強筋の検討
　［置換え前］$a_t \cdot f_t \cdot j =$［置換え後］$a_t \cdot f_t \cdot j$ より、

　　$1.27 \cdot f_t \cdot 50.5 = a_t \cdot f_t \cdot 19.075$

　　$a_t = (1.27 \cdot 50.05)/19.075 = 3.33$（cm^2）、2-D16（3.98（cm^2））

(2) 検討例-2（べた基礎）
① 仮定断面
　基礎梁高さ500mm、置換え後基礎梁幅450mm、
　かぶり厚さ60mm、上端筋D13

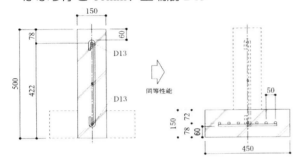

図 13.2 補強部断面図

② 標準断面の諸定数
　圧縮側コンクリートの外端と引張側鉄筋の距離
　$d = 50$（cm）$- 7.8$（cm）$= 42.2$（cm）
　応力中心間距離 $j = d \times 7/8 = 42.2 \times 7/8 = 36.925$（cm）
　引張側鉄筋の断面積 $a_t = 1.27$（cm^2）

③ 置換え後断面の諸定数
　圧縮側コンクリートの外端と引張り側鉄筋の距離
　$d = 7.8$（cm）
　応力中心間距離 $j = d \times 7/8 = 7.8 \times 7/8 = 6.825$（cm）

④ 補強筋の検討
　［置換え前］$a_t \cdot f_t \cdot j =$［置換え後］$a_t \cdot f_t \cdot j$ より、

　　$1.27 \cdot f_t \cdot 36.925 = a_t \cdot f_t \cdot 6.825$

　　$a_t = (1.27 \cdot 36.925)/6.825 = 6.87$（cm^2）、6-D13（7.62（cm^2））⇒D13@66⇒D13@50

算定結果は6-D13（7.62（cm^2））とします。
したがって、配筋ピッチは　D13@50　となります。

13.2　アンカーボルト

アンカーボルトには、基礎と上部構造の土台を緊結するアンカーボルトと、引抜き力が生じる柱の柱脚を緊結するホールダウンアンカーボルトがあります。アンカーボルトは、上部構造から基礎に伝達される鉛直荷重および水平荷重に対して、安全であると同時に、基礎に十分定着されている必要があります。ここでは、引張耐力の検討ならびにせん断耐力の検討と留意事項を示します。

なお、詳細な設計を行う場合の参考規定等も示します。

(1)　柱脚柱頭接合部の引張耐力の検定

現在、小規模建築物の基礎におけるアンカーボルトは、（公財）日本住宅・木材技術センターが定める規格による「Z マーク表示金物」または品質と性能が同等以上のものが多用されています。Z マーク表示金物には、土台と基礎の接合に用いられる M12 アンカーボルト、土台と基礎または引き寄せ金物の接合具に用いられる M16 アンカーボルトがあり、その他に、定着方法がフックまたはプレートの支圧力によるもの、異形棒鋼または丸鋼の付着力によるものなどがあります。

平 12 建告第 1460 号「木造の継手および仕口の構造方法を定める件」

表 13.1　平屋建てまたは 2 階建ての最上階部分の柱頭・柱脚の補強仕様（抜粋）

柱に取り付く耐力壁の仕様	壁倍率	出隅の柱	出隅でない柱
筋交い 45 × 90mm 筋交いプレート BP-2	2	（ほ）羽子板ボルト 8.5kN 以上	（ろ）かど金物 CP-L 以上
筋交い 45 × 90mm	4	（と）ホールダウン金物 15kN 用以上	（に）羽子板ボルト 7.5kN 以上
構造用合板を N50 釘 @150mm 間隔で打ちつけ	2.5	（ほ）羽子板ボルト 8.5kN 以上	（ろ）かど金物 CP-L 以上

表 13.2　2 階建ての 1 階部分の柱頭・柱脚の補強仕様（抜粋）

柱に取り付く耐力壁の仕様	壁倍率	1 階・2 階とも出隅の柱	2 階は出隅の柱 1 階は出隅でない柱	1 階・2 階とも出隅でない柱
筋交い 45 × 90mm 筋交いプレート BP-2	2	（と）ホールダウン金物 15kN 用 × 2 以上	（は）かど金物 VP 以上	（ろ）かど金物 CP-L 以上
筋交い 45 × 90mm タスキ掛け筋交いプレート BP-2	4	（ぬ）ホールダウン金物 15kN 用 × 2 以上	（ち）ホールダウン金物 20kN	（と）ホールダウン金物 15kN 用以上
構造用合板を N50 釘 @ 150mm 間隔で打ちつけ	2.5	（ち）ホールダウン金物 20kN 用以上	（へ）ホールダウン金物 10kN 用以上	（は）かど金物 VP 以上

土台と基礎を連結するアンカーボルトの間隔については、建築基準法には規定はありませんが、住宅金融支援機構（旧住宅金融公庫）の住宅工事仕様書では 2.7m 以内

（1.5 間）となっており、また、木造の公共建築物の工事仕様書には、アンカーボルトの間隔は 1.8m 以内、などの指導要項があります。アンカーボルトはその本数ではなく、地盤の揺れから建物を護るために、上部の躯体をしっかりと土台・基礎に緊結させることが大きな目的です。このアンカーボルトは瑕疵担保責任の対象となり、施工者の責任が法的に義務化されている部分です。

(2)　アンカーボルトのせん断耐力の検討
　　①　鉛直構面の許容せん断耐力に対するアンカーボルトのせん断耐力の検定

アンカーボルトと土台による許容せん断耐力の算定

$$_BQ_{aj} = n_j \times {}_{M12}Q_u + m_j \times {}_{M16}Q_u$$

　　　ここで
　　　$_BQ_{aj}$　:j 通り上にあるアンカーボルトによる許容せん断耐力
　　　$_{M12}Q_u$　:M12 アンカーボルトの許容せん断耐力
　　　$_{M16}Q_u$　:M16 アンカーボルトの許容せん断耐力
　　　n_j　　:j 通り上にある M12 アンカーボルトの本数
　　　m_j　　:j 通り上にある M16 アンカーボルトの本数

---

　　②　アンカーボルトの許容せん断耐力の検定

アンカーボルトによる許容せん断耐力 $_BQ_{aj}$ が鉛直構面の耐力要素の許容せん断耐力の和 以上であることを確認します。

$$Q_{aj} \leqq {}_BQ_{aj}$$

ここで M12 及び M16 アンカーボルトの許容せん断耐力を下表に示します。

土台の樹種	アンカーボルト	許容せん断耐力 (N)
ヒバ、ヒノキ、広葉樹	M12	8,720
	M16	15,510
ベイツガ、スギ	M12	7,650
	M16	13,600

＜アンカーボルトの設計上の参考基準書等＞
　（公財）日本住宅・木材技術センター：「木造軸組工法住宅の許容応力度設計（2008）」
　（公財）日本住宅・木材技術センター：「木造軸組工法住宅の限界耐力計算による設計の手引き」
　（一社）日本建築学会「各種合成構造設計指針」

（3）留意事項

頭付きアンカーボルトの設計に際しては、下記の各項を考慮する必要があります。

① アンカーボルトの埋込み長さ ℓ_e は、アンカーボルトの径 d の4倍以上とする。とくに引張力が支配的なアンカーボルトにあっては、脆性的な破壊を避けるため、ℓ_e は $8d$ 程度以上とすることが望ましい。

② 許容引張力がコンクリートのコーン状破壊、またはアンカーボルト頭部に接するコンクリートの支圧破壊により支配される場合、ならびにせん断力をうける場合のアンカーボルトの強度は、縁あきまたは端あき寸法により影響を受けます。設計にあたっては、この影響を考慮して許容値を低減する必要があります。

③ アンカーボルトおよび座金は、品質および性能が明示された良質なものを採用すること。

④ アンカーボルトの配置は、上部構造の固定に必要になる位置や、上部構造から基礎へのせん断力・引張力を円滑に伝達するために必要になる位置とし、アンカーボルトの形状寸法に応じた耐力評価法により定着力を確認する必要があります。

⑤ 土台およびアンカーボルトは、引張力およびせん断力に対して、耐力壁より先行破壊させないことを前提としています。

資料：建物上部構造のN値計算による柱脚金物一覧

●性能表示 柱頭・柱脚の接合部および胴差と通し柱の接合部のチェック（N値計算法）

階	耐力壁端部の柱		A1	B1	A2	B2	L	N	Nmax (X、Y軸方向のNの最大値)	接合金物 柱頭部／柱脚部	胴差・通し柱の接合部
1	X0	Y0	2.5	0.8	2.5	0.8	1.0	3.00	4.20	通し柱	T1
			4.0	0.8	2.5	0.8	1.0	4.20		り	
1	X0	Y1							2.15	と	
			5.0	0.5	2.5	0.5	1.6	2.15		と	
1	X0	Y4							0.90	は	
			5.0	0.5	0.0	0.5	1.6	0.90		は	
1	X0	Y5	2.5	0.8	2.5	0.8	1.0	3.00	4.20	通し柱	T1
			4.0	0.8	2.5	0.8	1.0	4.20		り	
1	X1	Y0	2.5	0.5	2.5	0.5	1.6	0.90	0.90	は	
										は	
1	X1	Y5	2.5	0.5			1.6	-0.35	-0.35	い	
										い	
1	X2	Y5	2.5	0.5	0.0	0.5	1.6	-0.35	-0.35	い	
					1.5	0.5	1.6	-0.85		い	
1	X3	Y0	2.5	0.5	0.0	0.5	1.6	-0.35	-0.35	い	
					1.5	0.5	1.6	-0.85		い	
1	X4	Y0	2.5	0.5	2.5	0.5	1.6	0.90	0.90	は	
			4.0	0.5			1.6	0.40		は	
1	X4	Y1							0.40	ろ	
			4.0	0.5			1.6	0.40		ろ	
1	X4	Y2							0.40	ろ	
			4.0	0.5			1.6	0.40		ろ	
1	X4	Y3							0.40	ろ	
			4.0	0.5			1.6	0.40		ろ	
1	X5	Y5	0.0	0.5	2.5	0.5	1.6	-0.35	-0.35	い	
										い	
1	X6	Y0	2.5	0.5			1.6	-0.35	-0.35	い	
										い	
1	X6	Y3	2.5	0.5	1.5	0.5	1.6	0.40	0.40	ろ	
										ろ	
1	X7	Y0	2.5	0.5			1.6	-0.35	2.40	と	
			4.0	0.5	2.5	0.8	1.6	2.40		と	
1	X7	Y1							-0.85	い	
			0.0	0.5	1.5	0.5	1.6	-0.85		い	
1	X7	Y2							-1.60	い	
			0.0	0.5			1.6	-1.60		い	
1	X7	Y3	1.5	0.5	2.5	0.5	1.6	0.40	0.40	ろ	
			4.0	0.5			1.6	0.40		ろ	
1	X7	Y5	2.5	0.5	0.0	0.5	1.6	-0.35	-0.35	い	
										い	
1	X9	Y5	2.5	0.5	0.0	0.5	1.6	-0.35	-0.35	い	
										い	
1	X10	Y0							1.60	ほ	
			2.5	0.8			0.4	1.60		ほ	
1	X10	Y2							0.90	通し柱	T2
			2.5	0.5	2.5	0.5	1.6	0.90		は	
1	X10	Y3.5							-0.35	い	
			0.0	0.5	2.5	0.5	1.6	-0.35		い	
1	X10	Y5	2.5	0.8	2.5	0.8	1.0	3.00	3.00	通し柱	T1
			0.0	0.8	2.5	0.8	1.0	1.00		ち	

解答例　　地盤編

番号	解答	番号	解答	番号	解答
1	1.0	12	16 × 0.25	22	
2	80	13	20 × 0.25		
3	7.36 ≒ 7	14	24 × 0.25		
4	1.0	15	2.0		
5	0	16	13.5		
6	45.0	17	0.6		
7	4 × 0.25	18	38.1		
8	8 × 0.25	19	10.0		
9	8 × 0.25	20	3.25		
10	12 × 0.25	21	6.75		
11	16 × 0.25				

番号	解答
23	小さい
24	4×0.25
25	4×0.25
26	24×0.25
27	24×0.25
28	24×0.25
29	150×0.25
30	150×0.25
31	60×0.25
32	55
33	55
34	63
35	1
36	1
37	0.45
38	7
39	1.01
40	0.45
41	7
42	0.49
43	$1 \times 1.01 \times 20 \times 8.3 + 1 \times 0.49 \times 16 \times 0.45 \times 0.4 + 1 \times 16 \times 0.3 \times 2.5$
44	60

解答例　　基礎構造設計編　　　　　　　有効数字の取り扱いにより、小数点以下の数字がわずかにずれる可能性があります。

番号	解答	番号	解答	番号	解答	番号	解答
45	4.53	85	10.58	125	2.30	165	103.27
46	7.50	86	1.39	126	2.41	166	1
47	6.39	87	2.09	127	1.77	167	139.47
48	3.14	88	2.29	128	1.21	168	2
49	383.7	89	6.64	129	3.81	169	79.81
50	662.6	90	10.75	130	2.93	170	1
51	237.8	91	8.29	131	24.0	171	2
52	662.6	92	2.73	132	21.84	172	43.67
53	9.4	93	8.72	133	3.64	173	0.49
54	107	94	2.73	134	12.0	174	6.55
55	100	95	3.38	135	16.38	175	73.94
56	11.63	96	5.42	136	15.6	176	33.81
57	14.93	97	5.95	137	4.68	177	0.48
58	23.68	98	0.78	138	2.73	178	2083
59	15.87	99	1.17	139	7.43	179	300
60	8.72	100	1.72	140	12.22	180	31.35
61	1.365	101	2.60	141	1.3	181	47.02
62	12.74	102	4.25	142	24.04	182	18.81
63	19.86	103	4.23	143	8.72	183	36.05
64	13.89	104	8.72	144	31.0	184	41.34
65	2.275	105	2.73	145	16.20	185	35.19
66	5.41	106	3.38	146	8.24	186	59.34
67	10.82	107	5.42	147	9.27	187	479.94
68	4.76	108	5.95	148	-6.67	188	199.96
69	2.17	109	0.78	149	20.53	189	2
70	3.26	110	1.17	150	393.75	190	497.44
71	2.87	111	1.72	151	99.25	191	369.75
72	30.91	112	1.365	152	1	192	2
73	51.10	113	0.59	153	411.25	193	248.55
74	31.65	114	1.17	154	197.88	194	2
75	18.55	115	0.86	155	2	195	50.39
76	40.28	116	2.01	156	206.96	196	100.79
77	12.76	117	3.08	157	2	197	2
78	20.42	118	3.37	158	41.34		
79	13.00	119	3.98	159	82.69		
80	7.66	120	6.43	160	2		
81	15.95	121	7.97	161	51.57		
82　基礎構造設計編	3.64	122	3.64	162	1		
83	8.03	123	7.2	163	79.77		
84	12.84	124	9.38	164	1		

演習シート　　地盤編

番号	解答	番号	解答	番号	解答
1		12		22	
2		13			
3		14			
4		15			
5		16			
6		17			
7		18			
8		19			
9		20			
10		21			
11					

番号	解答
23	
24	
25	
26	
27	
28	
29	
30	
31	
32	
33	
34	
35	
36	
37	
38	
39	
40	
41	
42	
43	
44	

演習シート　　基礎構造設計編

番号	解答	番号	解答	番号	解答	番号	解答
45		85		125		165	
46		86		126		166	
47		87		127		167	
48		88		128		168	
49		89		129		169	
50		90		130		170	
51		91		131		171	
52		92		132		172	
53		93		133		173	
54		94		134		174	
55		95		135		175	
56		96		136		176	
57		97		137		177	
58		98		138		178	
59		99		139		179	
60		100		140		180	
61		101		141		181	
62		102		142		182	
63		103		143		183	
64		104		144		184	
65		105		145		185	
66		106		146		186	
67		107		147		187	
68		108		148		188	
69		109		149		189	
70		110		150		190	
71		111		151		191	
72		112		152		192	
73		113		153		193	
74		114		154		194	
75		115		155		195	
76		116		156		196	
77		117		157		197	
78		118		158			
79		119		159			
80		120		160			
81		121		161		番号	解答
82		122		162			
83		123		163			
84		124		164			

【著者紹介】

大橋　好光　　工学博士
1954 年生まれ。
1983 年　東京大学大学院博士課程修了
2000 年　熊本県立大学　助教授
2005 年　東京都市大学（旧：武蔵工業大学）教授

齊藤　年男　　一級建築士 / 構造設計一級建築士
1957 年生まれ。
1981 年　法政大学工学部建築学科卒業
同年　　　細田工務店入社
2010 年　同社技術開発部　執行役員

佐藤　隆　　博士（工学）/ 構造設計一級建築士
1954 年生まれ。
1980 年　東京理科大学理工学部建築学科卒業
1987 年　住友林業㈱入社
2010 年　日本大学大学院博士課程修了
2014 年　住友林業株式会社　筑波研究所　建築住まい G　上席研究員

松下　克也　　博士（工学）
1958 年生まれ。
1981 年　中央大学理工学部土木工学科卒業
1983 年　ミサワホーム㈱入社
2006 年　㈱ミサワホーム総合研究所
2010 年　東海大学大学院博士課程修了
2014 年　㈱ミサワホーム総合研究所　テクノロジーセンター長

ひとりで学べる住宅基礎の構造設計演習帳

平成 24 年 2 月 29 日発行	第1版第1刷発行
平成 25 年 6 月 24 日発行	第2版第1刷発行
平成 26 年 10 月 1 日発行	第3版第1刷発行
令和 6 年 8 月 31 日発行	第4版第1刷発行

```
┌ ─ ─ ─ ─ ─ ─ ┐
  著 者 承 認
  検 印 省 略
└ ─ ─ ─ ─ ─ ─ ┘
```

定価　3,740円（本体3,400円＋税10%）

著　　　者　　大橋好光・齊藤年男・佐藤隆・松下克也

編集・発行　　一般財団法人　日本建築センター

〒101-8986

東京都千代田区神田錦町 1-9

TEL：03-5283-0478　　FAX：03-5281-2828

https://www.bcj.or.jp/

販　　　売　　全国官報販売協同組合

〒114-0012

東京都北区田端新町一丁目 1-14

TEL：03-6737-1500　　FAX：03-6737-1510

https://www.gov-book.or.jp/

表紙デザイン　　柳オフィス

印　　　刷　　株式会社　東京プリント印刷

＊乱丁、落丁本はお取りかえいたします。本書の一部あるいは全部を無断複写、複製、転載あるいは電子媒体に入力すること
　は、法律で定められた場合を除き、著作権の侵害となります。

ⓒ大橋好光・齊藤年男・佐藤隆・松下克也　2014

printed in Japan　　ISBN978-4-88910-195-9